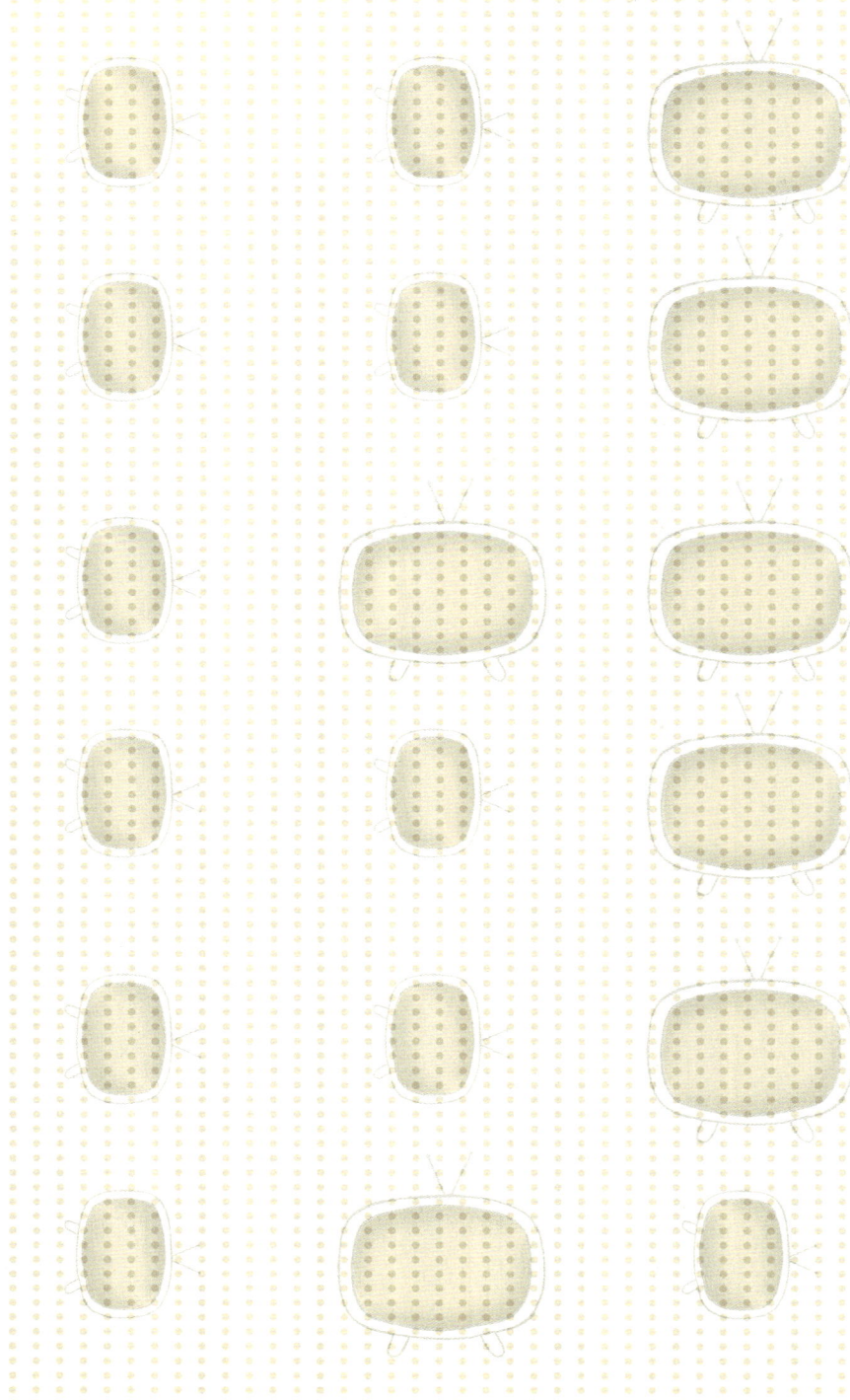

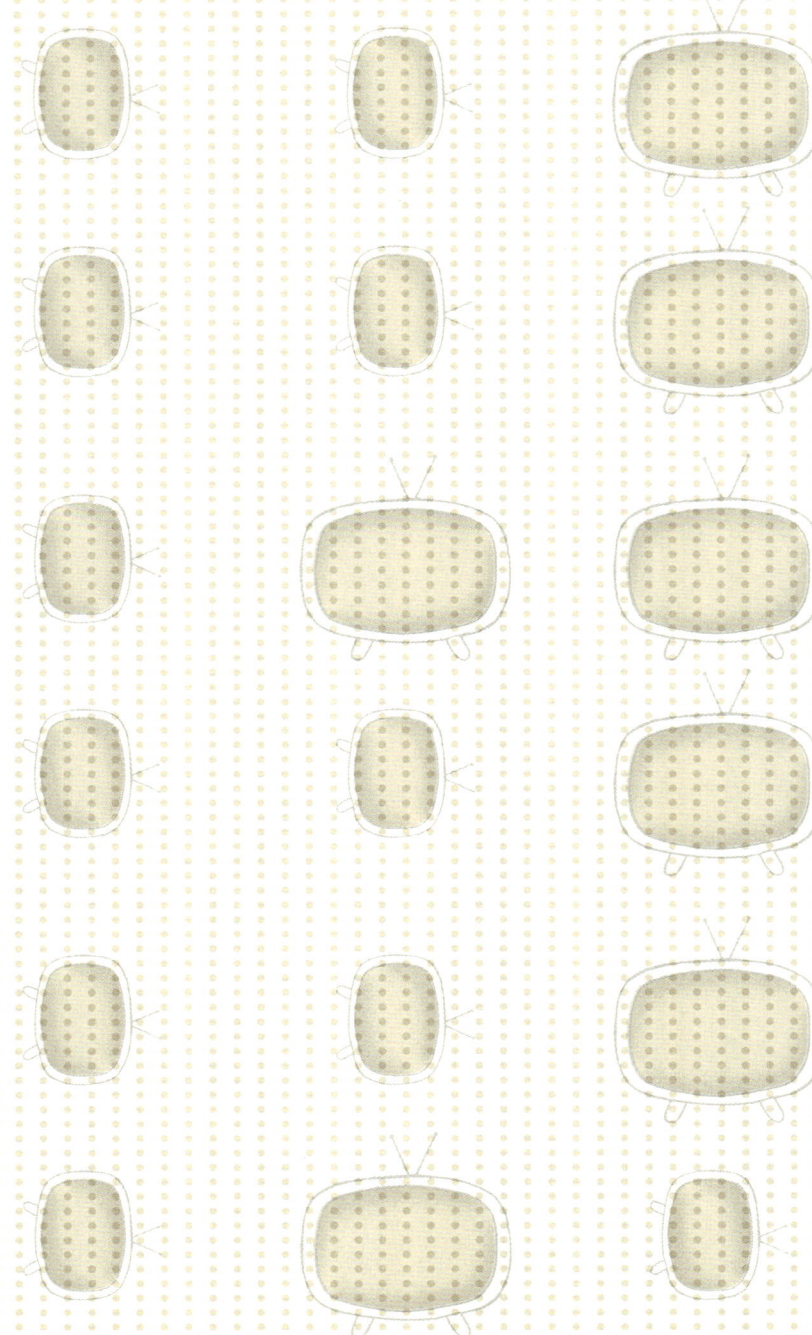

news voca master 1000+

news voca master 1000⁺

초판 1쇄 인쇄 2015년 1월 27일
초판 1쇄 발행 2015년 2월 1일

지은이   오석태
펴낸이   임충배
펴낸곳   도서출판 삼육오 (PUB.365)
제작   (주)피앤엠123

출판신고 2014년 4월 3일
등록번호 제406-2014-000035호

경기도 파주시 산남로 183-25
TEL (031)946-3196 FAX (031)946-3171
홈페이지   www.pub365.co.kr

ISBN 979-11-952757-5-5 13740
Copyright©2015 by PUB.365

· 저자와 출판사의 허락없이 내용의 일부를 인용하거나 발췌하는 것을 금합니다.
· 저자와의 협의에 의하여 인지는 붙이지 않습니다.
· 가격은 뒤표지에 있습니다.
· 잘못 만들어진 책은 구입처에서 바꾸어 드립니다.

이 도서의 국립중앙도서관 출판예정도서목록(CIP)은 서지정보유통지원시스템 홈페이지(http://seoji.nl.go.kr)와 국가자료공동목록시스템(http://www.nl.go.kr/kolisnet)에서 이용하실 수 있습니다. (CIP제어번호: CIP2015002279)

1000⁺ 영어 어휘를 익히는 방법

영어 어휘를 익히는 방법에는 여러 가지가 있습니다: 주제별로 익히는 방법, 상황별로 익히는 방법, 어원 중심으로 익히는 방법, 문제중심으로 익히는 방법, 무작위로 선발된 어휘들을 익히는 방법 등. 이중 어떤 방법을 선택해도 좋습니다. 각각의 방법마다 나름대로 특징을 갖고 있기 때문이지요. 다만, 방법과 관계없이 어휘학습에서 절대 빠뜨리지 말아야 할 부분이 있습니다. 단순히 어휘의 의미만을 기억할 것이 아니라 그 어휘가 쓰이고 있는 문장을 통해서 어휘의 정확한 활용과 의미를 이해해야 한다는 것입니다. 또한, 상황에 따라서는 그 어휘가 사용된 문장을 기억해두어야 합니다.

1000⁺ 영어 어휘를 학습하는 이유

영어 어휘를 학습하는 데에는 일반적으로 크게 두 가지 이유가 있습니다. 영어 독해력의 향상과 시험성적의 향상입니다. 어휘를 많이 알아야 독해를 잘할 수 있고 시험에서 고득점을 받을 수 있다는 생각에 이의를 달 사람은 없습니다. 하지만 그것이 꼭 맞는 생각은 아닙니다. 내가 암기하고 있는 어휘의 숫자가 곧 내 독해력과 시험성적에 정비례하지는 않습니다. 그보다는 어휘의 다양한 활용을 다양한 예문을 통해서 정확히 기억하고 있어야 합니다. 그래야 독해력과 시험성적이 향상되는 것입니다.

1000⁺ 예문의 중요성

여기에서, 예문으로 제시되는 문장들의 중요성이 대두됩니다. 일부 **기존 발행된 어휘 책들을** 살펴보면 **활용도가 극히 떨어지거나 무의미한 예문들로** 가득합니다. 그저 책의 분량을 채우기 위한, 공간을 채우기 위한 예문들일 뿐, 실제 여러분의 영어 실력 향상에 결정적 영향을 주는 예문들은 극히 드뭅니다.

이런 문제점들을 해결하기 위해서 news voca master 1000⁺를 발행하게 되었습니다. news voca master 1000⁺는 독해연습으로서 어휘력을 향상하게 하는 방법을 이용합니다. 독해의 주제에 따라서 **주제별 어휘, 상황별 어휘 학습**이 자연스럽게 이루어지고 그것이 문제 중심의 학습에 음으로 양으로 영향을 줄 수 있기 때문입니다. 또한, 어휘의 활용을 익히는 데 대단히 유리한 방법입니다.

1000⁺ 예문의 우수성

news voca master 1000⁺는 BBC, CNN 방송의 내용과 주간지 TIME에 나오는 내용, 그리고 세계 최고의 일간지 New York Times와 미국 전체 50개 주에 보급되는 미국 최고의 일간지 USA TODAY에 나오는 내용을 이용해서 가장 기본적이고 독해력과 시험성적 향상에 절대적인 도움을 주는 고급어휘들을 모았습니다. 그리고 그 어휘들을 설명하면서 제시되는 예문들은 독해력 향상에 결정적으로 도움이 되는 활용도 높은 예문들입니다. 또한, 제시어휘들이 사용된 다른 뉴스를 예문으로 발췌해 실었습니다. 그에 따라 어휘의 적극적인 이해는 물론 독해력 향상에 큰 도움이 될 것입니다.

news voca master 1000⁺를 통해서 여러분의 영어 독해력, 나아가서는 전체 영어 실력과 시험성적을 원하는 만큼 올려보시기 바랍니다.

저자 오넉태

1000⁺ 기사 미리 보기

Cognitive behavioral therapy is more effective than standard care for people with hypochondria or health anxiety, say researchers.
In their study, 14% of patients given CT regained normal anxiety levels against 7% given the usual care of basic reassurance. It said nurses could easily be trained to offer the psychological therapy. Between 10% and 20% of hospital patients are thought to worry obsessively about their health.

제시된 내용을 나름대로 먼저 해석해 봅니다.
정확히 이해되지 않는 어휘들이 있으면 밑줄을 그어 놓습니다.

1000⁺ 해석 확인하기

인식행동치료는 심기증이나 건강 불안증세를 가진 사람들을 위한 통상적 치료보다 더욱 효과적이라고 연구원들은 말한다.
그들이 연구한 내용에 의하면 인식행동치료를 받은 환자의 14%가 정상적인 불안 정도를 회복한 것에 비해서 환자를 안심시키기 위한 통상적인 기본 치료를 받은 환자는 7%에 불과했다. 연구에 의하면 간호사들은 쉽게 훈련 받아 심리치료를 할 수 있다고 한다. 10%와 20% 사이의 병원 환자들은 집요할 정도로 자신의 건강을 걱정하는 것으로 생각된다.

자신이 이해한 부분과 실제로 해석된 부분의 차이를 확인합니다.
명확히 몰랐던 어휘의 의미가 해석을 확인함으로써 바로 이해할 수 있습니다.

1000⁺ 어휘/표현 학습하기

on course for
-을 성취할 가능성이 있는

We're still on course for the championship.
우리는 여전히 챔피언의 자리에 올라갈 가능성을 갖고 있다.

어휘와 표현의 정확한 의미와 추가 예문을 확인하고, 간단한 예문은 기억하도록 합니다.

1000⁺ 추가 예문 학습하기

예문의 어휘가 다른 뉴스에 활용된 예문을 추가 학습하면서 독해력을 점검합니다. 이때 기사 본문에 나오지 않았던 어휘들을 추가 학습함으로써 어휘의 암기량을 늘리게 됩니다.

1000⁺ 단어 학습 체크

자신이 암기한 단어는 네모 안에 V 표시를 합니다. news voca master 1000⁺ 처음 학습하는데 시간이 오래 걸렸다면 2, 3번째 반복 학습 시 V 표시가 없는 단어만 학습함으로써 효과적으로 시간을 단축할 수 있습니다.

1000⁺ 어휘/표현 테스트

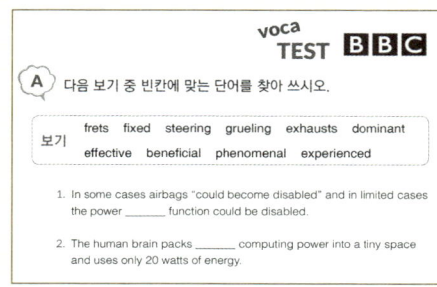

하나의 뉴스 매체가 끝나면 문제를 통해 어휘력과 독해력을 다시 한 번 점검합니다. 문제의 종류는 단어 찾기와 단어의 영영식 뜻을 바르게 잇기입니다.

news voca master 1000⁺

1000⁺ 어휘/표현 인덱스

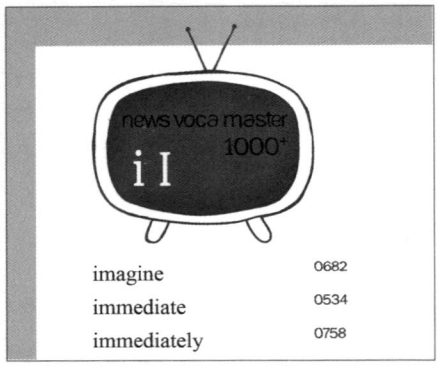

news voca master 1000⁺에 나오는 어휘 및 표현을 알파벳 순으로 모두 정렬하였습니다.
어휘 우측의 번호로 쉽게 찾을 수 있습니다.

1000⁺ 약어 및 기호

- n 명사
- v 동사
- a 형용사
- ad 부사
- phr 구
- prep 전치사
- conj 접속사
- cf 파생어
- = 동의어
- ↔ 반의어

BBC 01~20
0001~0206
└ VOCA TEST

CNN 01~24
0207~0412
└ VOCA TEST

The New York Times 01~24
0413~0634
└ VOCA TEST

USA TODAY 01~21
0635~0843
└ VOCA TEST

TIME 01~18
0844~1057
└ VOCA TEST

BBC

News   Sport   Weather   Capital   Future   Shop   TV   Radio   More...   Search

WEDNESDAY, 8 OCTOBER

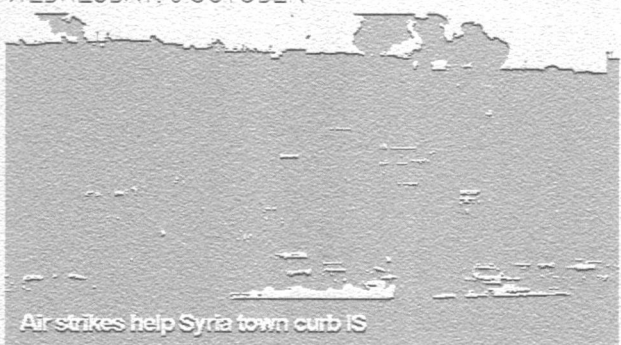

Air strikes help Syria town curb IS
The US-led coalition carries out its most sustained air attacks so far on the Turkey-Syria border town of Kobane, helping to curb Islamic State.

 Could this US teen be the first person on Mars?

 Unlikely celebrity: The Texan with a huge IS following

 A world upside down: Why Marquis de Sade still shocks us

 What not to say when travelling abroad

NEWS

WHO warns of Ebola hospital risks
A prominent WHO official warns more Ebola cases can be expected among medical staff in developed countries, as Spain monitors a case in Madrid.

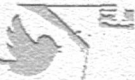 Twitter sues US government on spying

'Blood Moon' set to wow skywatchers

Canada approves anti-IS air strikes

IMF warns of 'uneven' recovery

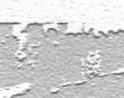 Kenyatta in Hague for ICC hearing

Bahrain prince torture ruling quashed

Top Chile court orders halt to mine

ASIA PACIFIC

Plea to stop Afghan rape executions
Human rights groups urge the new Afghan President Ashraf Ghani to intervene to stop the execution of five convicted rapists.

Court rejects Jayalalitha bail plea

HK students agree to formal talks

Nobel Prize for blue LED invention

BUSINESS

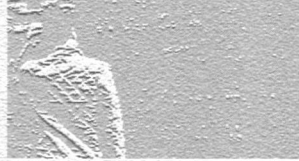

Asia shares slump after IMF forecast
Asian markets headed lower, following Wall Street's cue, after the International Monetary Fund cut its global growth forecasts.

Canberra ranked 'best place to live'

SPORT

Family give Bianchi condition update
The family of Marussia driver Jules Bianchi have issued an update on his condition after he suffered severe head injuries at the Japanese GP.

ECB deny lock is Pietersen 'monster'

Connect with BBC News

 Start your day with the BBC's daily newsletter

[Sign up]

DISCOVERIES

The unexpected monkey midwife
In an incident so rare it had never before been recorded, filmed or photographed, a langur monkey has been seen assisting another primate giving birth.

SERVING FOR SUCCESS

The winning formula
With 256 players involved in the main draw of the singles events at Grand Slams, how do you successfully host a world class tennis tournament?

THE BUSINESS OF GIVING

The world's most unlikely philanthropist?
Chen Shu-chu works 18 hour days, six days a week selling vegetables, living off only a few dollars a day. Everything else she earns she gives away, writes Cindy Sui.

MOST POPULAR IN NEWS

Shared | Read | Watched/Listened

Girl, 13, could be first human on Mars

Night of clashes at Turkey protests

What if the West had intervened in Syria?

01

0001~0206

Jose Mourinho is already working on his Chelsea blueprint for next season.

The emphasis this time will be on promoting exciting young talent, rather than buying in ready-made stars.

호세 무리뉴는 이미 작업을 개시했다. 다음시즌을 대비한 첼시의 청사진(blueprint) 작업을 시작한 것이다.

이번에는 역점(力點)을 아마 모두를 흥분시킬 수 있는 재능 있는 젊은 선수들을 끌어올리는 데 둘 것이며 이미 스타플레이어가 된 선수들을 사들이는 것은 자제할 분위기이다.

0001

work on

~을 작업하다

We're still working on it.
우린 지금 아직도 그 작업 중이야.

0002

emphasis

[émfəsis]
n 강조, 역점

Talent show hopefuls slam X Factor for putting emphasis on personality and image rather than the contestants' voices.
(from The Sun)

탤런트 쇼 참가 희망자들은 X Factor를 맹비난하고 있다. 참가자는 목소리 보다 성격과 외모에 더 주안점을 두고 있다는 게 그 이유이다.

0003

promote

[prəmóut]
v 높은 자리로 끌어 올리다

He has been promoted to the first-string team.
그는 1군으로 올라갔다.

0004

buy in

대량으로 사들이다

They bought in emergency food supplies.
그들은 비상식량을 대량으로 사들였다.

BBC 02

Neymar believes Brazil have won back the respect of the world after their stunning FIFA Confederations Cup win over Spain in Rio.

The 21-year-old, voted player of the tournament, produced another dazzling goal-scoring display to inspire Brazil to a 3-0 win over the world champions at the Maracana.

네이마르는 리오에서 있었던 피파 컨페더레이션 컵 대회에서 스페인을 상대로 멋진 승리를 따낸 이후에 브라질이 전세계로부터 다시 존경을 받게 되었다고 믿는다.

대회 MVP로 선정된 21살의 네이마르는 또 한 번의 눈부신 골을 선보이며 브라질이 마라카낭 경기장에서 세계 챔피언(스페인)을 3-0으로 물리치는 데 힘을 불어넣었다.

 0005

stunning
[stʌniŋ]
ⓐ 대단히 멋진, 충격적인

Roger Federer will try to move on from his stunning Wimbledon loss by playing at the clay-court Swiss Open, where he debuted as a 16-year-old. *(from abc NEWS)*
로저 페더러는 충격적인 윔블던 패배 후에 다시 분발하려고 애쓸 것이다. 그 방법은 클레이코트(진흙코트)에서 벌어지는 스위스 오픈에 나가는 것인데 그곳에서 페더러는 16살 때 데뷔했었다.

 0006

produce
[prədjúːs, -djúːs]
ⓥ 야기시키다, 만들어내다

The policy did not produce the desired effect.
그 정책은 바랬던 결과를 만들어내지 못했다.

 0007

inspire
[inspáiər]
ⓥ 힘을 주다, 격려하다

He is the one who can inspire the team.
그가 바로 팀에 활력을 불어넣어줄 수 있는 사람이다.

dazzling

[dǽzliŋ]

 눈부신, 현혹적인

While 4K television technology promises dazzling visuals, for the near future it will remain a luxury item well beyond the reach of mainstream consumers.
(from Chicago Tribune)

4K 텔레비전 기술이 눈부신 시각적 효과를 약속하고 있지만 가까운 장래에는 주소비자 층의 손길에서 벗어나 사치품으로 남아있게 될 것이다.

BBC 03

South Korea's Inbee Park remained on course for an unprecedented Grand Slam by winning the third women's major of the year, the US Women's Open. The 24-year-old, who first claimed the event in 2008, has already won the 2013 Kraft Nabisco and LPGA Championships.

대한민국의 박인비 선수는 올해 세 번째 메이저대회인 US 여자오픈에서 우승함으로써 전례 없는 그랜드슬램 달성 가능성을 계속 유지하게 되었다. 2008년에 처음으로 US 여자오픈 타이틀을 가져갔던 24세의 박인비 선수는 2013년에는 이미 크래프트 나비스코와 LPGA 챔피언십에서 우승했다.

0009

on course for
~을 성취할 가능성이 있는

We're still on course for the championship.
우리는 여전히 챔피언의 자리에 올라갈 가능성을 갖고 있다.

0010

unprecedented
[ənprésədèntid]
ⓐ 아무도 이룬 적이 없는

Poland relishes unprecedented Wimbledon success. *(from Boston.com)*
폴란드는 전에는 한번도 해보지 못했던 윔블던에서의 성공을 즐기고 있다.

0011

claim
[kléim]
ⓥ 승리하다, 차지하다

He had a hard time claiming a place in the team.
그는 그 팀 안에서 자신의 자리를 확보하는데 아주 힘들었다.

0012

event
[ivént]
ⓝ 경기, 사건

The Roger Federer fans and the Rafael Nadal fans may want to hit reboot on the event (too bad for them).
(from Sports Illustrated)
로저 페더러 팬들과 라파엘 나달 팬들은 (그들에게는 너무도 실망스러웠던) 그 대회를 처음부터 재시동시키고 싶을지도 모르겠다.

BBC 04

After gruelling three hours 10 minutes in searing temperatures, Murray had finally followed in the footsteps of Fred Perry's 1936 win at the All England Club.

Perry used to leap over the net in celebration, but Britain's new champion roared in delight before sinking to his knees on the turf.

Murray, who collected a first prize of £1.6m, then headed into the stands to celebrate with his family and support team, moments later parading the trophy around Centre Court.

혹독한 기온 속에서 고통스러웠던 3시간 10분을 보낸 후에 머레이는 마침내 올 잉글랜드 클럽에서 프레드 페리의 1936년 승리의 발자국을 따르게 되었다.

페리는 승리를 자축하며 네트를 뛰어 넘곤 했었지만 영국의 새 챔피언은 기쁨에 포효하며 잔디 위에 무릎을 꿇고 주저 앉았다.

160만 파운드의 우승상금을 받게 된 머레이는 이후 스탠드로 뛰어가 가족, 그리고 지원 팀과 기쁨을 나누었고 잠시 후에 트로피를 들고 센터 코트를 돌았다.

0013

gruelling
[grúːəliŋ]
ⓐ 대단히 어렵고 피곤하게 만드는

Novak Djokovic said his Wimbledon final defeat by Andy Murray was partly down to feeling exhausted after his gruelling semi-final victory. *(from BBC)*

노박 조코비치는 자신이 윔블던 결승에서 앤디 머레이에게 패한 것은 힘들게 치른 준결승전 승리 이후의 극도로 피곤한 상태에 부분적인 책임이 있다고 말했다.

0014

leap
[liːp]
ⓥ 뛰어넘다

She leapt over the fence.
그녀는 펜스를 뛰어 넘었다.

0015 searing
[síəriŋ]
a 타는 듯한, 혹독한

Sue Armstrong travels to the Namib desert to discover how the plants and animals that live there manage to survive searing heat. *(from BBC)*
수 암스트롱은 나미브 사막을 여행한다. 나미브 사막에 살고 있는 식물과 동물이 어떻게 그 타는 듯한 열기 속에서 살아남을 수 있는 것인지를 발견하기 위해서이다.

0016 roar
[rɔːr]
v 포효하다, 고함치다, 굉음을 내며 질주하다

The engine roared.
엔진이 굉음을 냈다.

0017 turf
[təːrf]
n 잔디, 경기장

Peter Jones, star of Dragons' Den, meets some of the UK's top entrepreneurs on their home turf. *(from BBC)*
영국의 리얼리티 쇼 드래곤즈 덴의 스타인 피터 존스는 영국 최고의 기업인들을 그들의 홈 그라운드에서 만난다.

0018 collect
[kəlékt]
v 시합에 이겨서 상을 받다

She collected a Olympic gold medal.
그녀는 올림픽 금메달을 수상했다.

0019 parade
[pəréid]
v ~을 자랑스럽게 보여주다, 전시하다

He got a chance to parade his skill.
그는 자신의 기량을 보여줄 기회를 잡았다.

BBC 05

Professor Alice Roberts is making a new human being — she is pregnant with her second child. But before he is born, she wants to find out what makes a human, human?

What is it that separates us from our closest living relatives — the chimpanzees?

We share 99% of our DNA with chimpanzees and yet from the moment of birth, our lives are completely different. So are we just another animal, or is there something special about being human?

Before her new baby emerges into the world, Professor Roberts sets out to explore what it is about our bodies, our genes and ultimately our brains that set us apart from our furry cousins — what is it that truly makes us human?

앨리스 로버츠 교수는 새로운 인간을 만들고 있는 중이다 – 두 번째 아이 임신 중이다. 그러나 아이가 태어나기 전에 그녀는 무엇이 인간을 인간으로 만드는가를 알아내려고 한다. 우리를 우리의 가장 가까운 살아있는 친척이라 할 수 있는 침팬지와 구분 짓는 것은 과연 무엇일까?

우리는 침팬지와 DNA 99%를 공유하고 있다. 그러나 태어나는 순간부터 우리의 삶은 완전히 다르다. 그러면 우리는 그저 또 하나의 동물에 불과한 것일까? 아니면 인간으로 존재하기에 뭔가 다른 특별한 것이 있는 것일까?

아이가 세상에 태어나기 전에 로버츠 교수는 연구를 시작한다. 우리 몸과 유전자, 그리고 궁극적으로 우리 뇌의 무엇이 우리를 털로 덮인 사촌지간과 구분 짓는 것일까? – 정말 우리를 인간으로 만드는 건 무엇일까?

0020

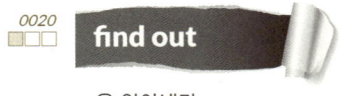

find out
~을 알아내다

Customers of McDonald's Australia can now find out where exactly their fast food came from. *(from Business Insider)*
맥도날드 오스트레일리아의 고객들은 맥도날드 음식이 정확히 어디에서 오게 되었는지를 이제 알 수 있다.

separate

[sépərèit]

- v 분리하다, 가르다, 구분 짓다

The old saying goes that you can't judge a book by its cover, but it's hard to separate two. *(from Los Angeles Times)*
속담에 이런 말이 있다. 책을 표지로 판단할 수 없다는 것이다. 그러나 그 둘을 분리한다는 것은 정말 어려운 일이다.

emerge

[imə́:rdʒ]

- v 모습을 드러내다, 생겨나다

If details of the secret affair do emerge, it could place a further strain on them. *(from Herald Sun)*
만일 그 은밀한 정사의 세부적인 사항들이 밝혀지면 그들에게 더 심한 중압감을 주게 될 것이다.

set out

시작하다

The salesman deliberately set out to defraud customers.
그 판매원은 고의적으로 고객들을 사취하기 시작했다.

explore

[iksplɔ́:r]

- v 탐구하다, 분석하다, 탐사하다

Brad Pitt-produced 'Big Men' explores greed in West African oil exploration. *(from Rolling Stones)*
브래드피트가 프러듀스한 '빅맨'은 서아프리카의 석유탐사에 내포된 탐욕을 탐사하고 있다.

ultimately

[ʌ́ltimətli]

- ad 궁극적으로, 결국

We are ultimately children of the forests and savannas. *(from the guardian)*
우리는 결국 숲과 대초원 사바나의 자식들이다.

set someone apart from

구분 짓다, ~와 다르게 만들다, ~보다 눈에 띄게 하다

His English ability set him apart from other candidates.
그의 영어능력이 다른 후보자들보다 그를 돋보이게 만들었다.

0027

[fɔ́:ri]

ⓐ 털로 덮인

Lock your doors, grab your underwear, and for goodness sake hide your drinks. For some of the criminals in our midst are uniquely built for a life of larceny: They can eat through walls, or gulp a stolen gin fizz on the run.
It's a menagerie of misdemeanors and furry felonies, all caught on tape.
(from abc NEWS)

문을 잘 잠그세요. 속옷은 손으로 꼭 쥐고 계시고요. 아무쪼록 마실 음료도 어디에 잘 숨겨두셔야 됩니다. 우리 주위에 뜻밖의 범죄자 집단이 만들어져 있습니다: 벽을 뚫고 나와서 먹거나 도망가면서도 훔친 진피즈를 벌컥벌컥 마셔댈 수 있는 놈들입니다.
이건 완전히 경범죄와 중죄(重罪) 쇼를 위해 모아 놓은 것 같은 털 달린 야생 동물집단입니다. 이들의 모든 행각이 카메라에 잡혔습니다.

BBC 06

Michael Mosley explores the latest science about how our personalities are created — and whether they can be changed.

Despite appearances, Mosley is a pessimist who constantly frets about the future. He wants to worry less and become more of an optimist.

He tries out two techniques to change this aspect of his personality — with surprising results.

마이클 모즐리는 우리 성격은 어떻게 만들어지는지에 대한 최신 과학을 탐구하고 있다 - 그리고 성격이 변할 수 있는지에 대해서도.

외모와는 달리 모즐리는 미래에 대해서 계속 조바심 내는 비관주의자이다. 그는 걱정을 덜하며, 지금보다 더 낙관주의자가 되고자 한다.

그는 이러한 자기 성격의 양상을 변화시키고자 하는 두 가지 기술을 실험한다 - 그리고 놀랄만한 결론을 얻어낸다.

0028

personality

[pə̀:rsənǽləti]

n 성격, 인격, 개성

Despite their different personalities, they get along well with each other.
성격이 서로 다른데도 불구하고 그들은 잘 어울린다.

0029

despite

[dispáit]

prep ~에도 불구하고, ~와는 달리

Inviting Burmese president Thein Sein meant Britain was supporting him "despite knowing all that is happening in the country." *(from BBC)*
버마의 대통령인 떼인 세인을 초대했다는 사실은 지금 버마에서 일어나고 있는 모든 일들을 잘 알고 있음에도 불구하고 영국이 그를 여전히 지지하고 있음을 의미하는 것이었다.

appearance
[əpíərəns]
ⓝ 외모, 겉모습

He was the only one who was criticizing her appearance.
그녀의 외모에 대해서 타박하는 사람은 그 사람 밖에 없었다.

pessimist
[pésəmist]
ⓝ 비관주의자, 염세주의자

A pessimist sees difficulty in every opportunity. *(from Winston Churchill)*
비관주의자는 어떤 기회에서든 곤경을 찾아낸다.

constantly
[kɑ́:nstəntli]
ad 계속적으로, 끊임없이

Languages are constantly changing.
언어는 계속 변하고 있습니다.

fret
[fret]
ⓥ 조바심을 내다, 조마조마하다

They fret that prices will rocket. *(from BBC)*
그들은 가격이 치솟을 거라고 조바심을 낸다.

optimist
[ɑ́:ptəmist]
ⓝ 낙관주의자, 낙천주의자

An optimist sees the opportunity in every difficulty. *(from Winston Churchill)*
낙관주의자는 어떤 역경에서든 기회를 찾아낸다.

try out
실험하다

He's trying out a new bed.
그는 지금 새로운 침대를 실험하고 있다.

aspect
[ǽspekt]
ⓝ 부분, 양상, 측면

It is the most important aspect of my study.
그것은 내 연구의 가장 중요한 측면이다.

BBC 07

In the Philippines, Hollywood is king at the box office. Seven of the top 10 movies in 2012 — including The Avengers and The Amazing Spiderman — were Hollywood flicks.

But a shift is starting to take place in Philippine cinema as independent films made without studio backing begin to stake more of a claim.

필리핀에서는 할리웃 영화가 매표소의 왕이다. 2012년 최고의 영화 10편 중 7편이 – 어벤져스와 어메이징 스파이더맨을 포함해서 – 할리웃 영화였다. 그러나 필리핀 영화산업에 변화가 생기기 시작했다. 스튜디오의 지원 없이 만들어진 독립영화들이 더욱 더 많은 인기를 얻기 시작했다.

0037

매표소

Collect your tickets at the box office.
매표소에서 표를 받아가.

0038

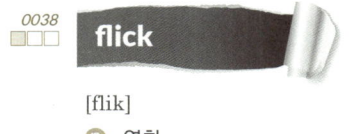

[flik]
ⓝ 영화

Hollywood films make up half of the top 10 highest grossing movies in China. The most popular movie is the latest Transformers flick. *(from BBC)*
할리웃 영화들은 중국에서 가장 수익을 많이 올리는 10대 영화 중 절반을 차지한다. 가장 인기 있는 영화는 최근 영화 트랜스포머이다.

0039

[ʃift]
ⓝ 변화

There was an important shift in policy.
정책에 중요한 변화가 있었다.

0040
일어나다, 발생하다

The next meeting will take place next week.
다음 회의는 다음 주에 개최할 것이다.

0041
[sínəmə]
ⓝ 영화 예술 산업, 극장

A cinema and arts centre in Denbighshire could be forced to shut unless it can resolve funding problems. *(from BBC)*
덴비셔에 있는 한 극장 겸 아트센터가 자금문제를 해결할 수 없으면 강제로 문을 닫게 될 수 있다.

0042
독립영화

Sometimes independent films are hard to understand in many ways.
때로는 독립영화들이 여러 가지 면에서 이해하기 어려울 때가 있다.

0043
[bǽkiŋ]
ⓝ 지원

We need some financial backing for the project.
우리는 그 프로젝트에 재정지원이 필요하다.

0044
소유권/권리를 주장하다

Both countries staked a claim to the islands.
두 나라가 그 섬들의 소유권을 주장했다.

BBC 08

Asian stock markets have risen on hopes the US will reach a deal on raising its debt ceiling. This was after US Republicans offered President Obama a short-term increase in the debt limit to stave off default. Stock indexes in Japan, Australia, China and Hong Kong all gained.

아시아의 주식시장이 그 동안 성장세를 거듭했는데 그것은 미국이 채무한계를 높이는 계약에 동의할 것이라는 희망에 기인한 것이었다. 이런 현상은 미국 공화당원들이 오바마 대통령에게 채무한계 단기상승을 제안하여 채무불이행을 막고자 한 후에 생겼다. 일본, 호주, 중국, 그리고 홍콩에서의 주가지수는 모두 상승했다.

0045
debt ceiling
채무한계, 부채한도

They are arguing over raising the debt ceiling.
그들은 지금 부채한도를 올리는 문제로 논쟁을 벌이고 있다.

0046
short-term
단기의, 단기적인

They are on short-term contracts.
그들은 모두 단기계약으로 일하고 있다.

0047
increase
[ínkri:s]
 증가, 상승, 인상

People resented the tax increases.
사람들은 세금인상에 몹시 언짢아 했다.

0048
stave off
늦추다, 피하다

Drinking water is a way to stave off hunger.
물 마시는 것이 배고픔을 피하는 방법이다.

25

0049 default

[difɔ́:lt]

🔵 채무 불이행

He is in default on my loan agreement.
그는 대출계약서에 명시된 날짜에 갚지 못한 상태다.

0050 stock index

주가지수

The stock index surged.
주가지수는 급등했다.

0051 gain

[gein]

🔵 (가치가) 오르다

The dollar has gained 5% against the yen.
달러가 엔화를 상대로 5% 상승했다.

BBC 09

Healthy adults do not need to take vitamin D supplements, suggests a study which found they had no beneficial effect on bone density, a sign of osteoporosis.

But experts say many other factors could be at play and people should not stop taking supplements. The UK government recommends children and over-65s take a daily supplement.

건강한 성인들은 비타민 D 보충재를 섭취할 필요가 없다고 한 연구결과가 발표되었다. 그 연구에 의하면 비타민 D 보충재는 골다공증의 신호인 골밀도에 이로운 영향을 주지 못한다.

그러나 전문가들의 말로는 다른 많은 영양소인자들은 골밀도에 영향을 줄 수 있기 때문에 사람들은 보충재 섭취를 멈추지 말아야 한다고 한다. 영국정부의 추천에 따르면 아이들과 65세를 넘은 노인들은 매일 보충재 복용이 필요하다.

0052 supplement
[sʌ́pləmənt]
n 보충물, 보충재

I need a supplement to my usual salary.
난 월급 이외에 자금 보충이 필요해.

0053 suggest
[səgdʒést]
v 시사하다, 암시하다

Opinion polls suggest that only 25% of the population trust the president.
여론조사에 의하면 인구의 25%만 대통령을 신뢰하고 있다.

0054 beneficial
[bènəfíʃəl]
a 유익한, 이로운

We're producing drugs that have a beneficial effect on the immune system.
우리는 면역체계에 유익한 영향을 주는 약을 생산하고 있습니다.

0055 **effect**
[ifékt]
n 영향, 효과

Divorce has a big effect on children.
이혼은 아이들에게 큰 영향을 미친다.

0056 **density**
[dénsəti]
n 밀도

We're calculating the density of population in Seoul.
우리는 지금 서울의 인구밀도를 계산하고 있다.

0057 **osteoporosis**
[ὰstiəpəróusis]
n 골다공증

Osteoporosis causes such problems.
골다공증이 그런 문제들을 야기시킵니다.

0058 **factor**
[fǽktər]
n 인자, 요인

The weather could be a crucial factor in tomorrow's game.
날씨가 내일 시합의 승부에서 결정적인 요인이 될 수 있다.

0059 **at play**
영향을 주는

There are a number of factors at play in the current recession.
최근의 불경기에 영향을 주는 몇 가지 요인들이 있습니다.

0060 **recommend**
[rèkəménd]
v 추천하다

They recommended cancelling mass gatherings and football matches.
(from BBC)
그들은 대중 집회와 축구경기를 취소할 것을 충고했다.

0061 **daily**
[déili]
a 매일의, 나날의

There are daily flights to Denver.
덴버까지는 매일 떠나는 비행기 편이 있다.

China's economic growth picked up pace in the July-to-September period, the first rise in three quarters.

The world's second-biggest economy grew 7.8% from a year earlier, up from 7.5% expansion in the previous quarter.

The official figures also showed growth in industrial output, retail sales and fixed asset investment.

중국의 경제성장은 7월부터 9월까지 기간에 속도가 향상되었으며 이는 세 분기중 첫 번째 상승이었다.

세계 두 번째로 큰 경제인 중국경제는 1년 전 같은 분기와 비교해서 7.8% 성장했는데 이는 바로 전 분기의 7.5% 성장에서 더 상승한 것이다.

공식적인 숫자는 또한 산업생산량, 소매영업, 그리고 고정자산투자 등에서도 성장했음을 보여줬다.

0062

economic

[èkənámik, ìːkə-]

ⓐ 경제의

Honduran society is rife with economic inequality. *(from BBC)*
온두라스 사회는 현재 경제 불균등으로 가득하다.

0063

growth

[grouθ]

ⓝ 성장

The rapid growth of world population is surprising.
세계 인구의 빠른 성장은 정말 놀랍기만 하다.

0064

pick up

향상되다, 좋아지다

They expected his social life to pick up.
그들은 그의 사회생활이 좋아지기를 기대했다.

0065

pace

[peis]

ⓝ 속도

The pace of change in our lives is becoming faster.
우리 생활의 변화속도가 점점 빨라진다.

0066

rise

[raiz]

ⓝ 상승

Profits went up to 10 million dollars, a rise of 20%.
이익은 천 만 달러로 올랐다. 20% 상승한 수치이다.

0067

quarter

[kwɔ́:rtər]

ⓝ 사분기

The publisher of the Times and the Wall Street Journal said net income for the quarter was $27m. *(from BBC)*
타임즈와 월 스트릿 저널의 발행인은 사분기 순이익이 2천 7백만 달러라고 말했다.

0068

expansion

[ikspǽnʃən]

ⓝ 확대, 확장

Nepalese expansion halted by defeat at hands of Chinese in Tibet. *(from BBC)*
네팔의 확장은 티벳에서 중국인들의 손에 패배함으로써 멈췄다.

0069

previous

[príːviəs]

ⓐ 이전의, 바로 앞의

She has one son from a previous marriage.
그녀는 전 결혼을 통해서 아들 하나를 두고 있다.

0070

official

[əfíʃəl]

ⓐ 공식적인

The National Disaster Risk Reduction and Management Council has put the official death toll at 1,774. *(from BBC)*
국가재난위험감소운영의회는 공식적인 사망자수를 1,774명으로 집계했다.

0071 figure
[fígjər]
n 숫자

The unemployment figures are decreasing.
실업자수가 줄어들고 있다.

0072 industrial
[indʌ́striəl]
a 산업의, 공업의

Industrial production has risen by 3% since July.
산업생산이 7월 이래로 3% 올랐어.

0073 output
[áutput]
n 생산량, 산출량

Together the US and EU account for about $30 trillion of annual output- almost half the world's total. *(from BBC)*
미국과 EU가 합쳐서 연간 생산량 중 약 30조 달러를 차지한다 – 이는 세계 총 생산량의 거의 반에 해당되는 양이다.

0074 retail
[rí:teil]
n 소매

Retail sales fell by 3% in March.
소매영업은 3월에 3% 떨어졌다.

0075 fixed
[fikst]
a 고정된, 확고한

The boys aged 15 and 16, of no fixed abode, are due to appear at Liverpool Magistrates' Court. *(from BBC)*
고정된 주거지가 없는 15세와 16세 소년들은 리버풀 하급 재판소에 나타나기로 되어 있다.

0076 asset
[ǽset]
n 자산, 재산

Nobody knows the value of the company's assets.
누구도 그 회사의 자산가치를 모른다.

BBC 11

Toyota is recalling 885,000 vehicles to fix a problem that could cause a water leak from the air conditioning unit.

It said water could leak into the airbag control module, causing a short circuit and triggering a warning light.

In some cases airbags "could become disabled" and in limited cases the power steering function could be disabled, it added.

The models affected by the recall are the Camry, Camry Hybrid, Avalon, Avalon Hybrid, and Venza made in 2012-13.

토요타는 885,000대의 차량을 회수해서 에어컨 장치에서의 누수유발 문제를 해결할 예정이다. 토요타에 의하면 물이 에어백 컨트롤 모듈로 새어 들어가서 합선을 일으키고 경고등을 켜지게 할 수 있다는 것이었다.

일부 경우에는 에어백이 작동하지 않을 수도 있고 제한된 경우에 파워핸들 기능이 작동하지 않을 수도 있다고 덧붙였다.

회수 대상인 모델들은 캠리, 캠리 하이브리드, 아발론, 아발론 하이브리드, 그리고 벤자인데 모든 2012년과 2013년 사이에 만들어진 차량들이다.

0077
recall
[rikɔ́:l]
 소환, 회수
ⓥ 소환하다, 회수하다

The cars were recalled due to an engine fault.
그 자동차들은 엔진결함으로 리콜되었다.

0078
vehicle
[ví:ikl, ví:hi-]
 차량, 운송수단

Give me a description of your stolen vehicle.
잃어버린 차량에 대해서 잘 묘사를 좀 해보세요.

0079 fix
[fiks]
- v 해결하다, 고치다, 수리하다

He could find and fix the problem.
그가 그 문제를 찾아서 해결할 수 있었다.

0080 leak
[liːk]
- n 누출 v 새다

The roof is leaking.
지붕이 새고 있다.

0081 unit
[júːnit]
- n 기구, 장치

Something must be wrong with the control unit.
제어 장치에 뭔가 문제가 있는 게 틀림없다.

0082 module
[mádʒuːl]
- n 모듈, 조립부품

By attaching a Bluetooth module, players can control the robots remotely using a smart phone or tablet. *(from BBC)*
블루투스 모듈을 부착함으로써 선수들은 스마트폰이나 태블릿 PC를 이용하여 로봇을 원격 조정할 수 있다.

0083 short circuit
합선

It was caused by a short circuit.
그건 합선으로 인해서 생긴 현상이야.

0084 trigger
[trígər]
- v ~을 유발하다

That illness can be triggered by food allergies.
그 병은 음식 알러지로 인해서 생길 수도 있다.

0085 **warning light**
경고등

Red warning lights were flashing.
빨간색 경고등들이 번쩍이고 있었다.

0086 **disabled**
[diséibld]
ⓐ 작동하지 않는

I don't know why airbags became disabled.
왜 에어백이 터지지 않았는지 정말 모르겠어.

0087 **limited**
[límitid]
ⓐ 제한된, 한정된

My knowledge of science is limited.
과학에 대한 나의 지식은 한정적이다.

0088 **steer**
[stiər]
ⓥ 조종하다

Steering with only one hand is not a good habit.
한 손으로 핸들을 돌리는 것은 좋은 버릇이 아니다.

0089 **function**
[fʌ́ŋkʃən]
ⓝ 기능

What's the function of the heart?
심장의 기능은 무엇인가?

0090 **affect**
[əfékt]
ⓥ 영향을 미치다

Living near fracking sites could affect mental health and wellbeing. *(from BBC)*
천연가스 추출 현장 가까이에서 사는 것이 정신건강과 행복한 삶에 나쁜 영향을 줄 수 있다.

BBC 12

IBM has unveiled a prototype of a new brain-inspired computer powered by what it calls "electronic blood".

The firm says it is learning from nature by building computers fuelled and cooled by a liquid, like our minds.

The human brain packs phenomenal computing power into a tiny space and uses only 20 watts of energy — an efficiency IBM is keen to match.

IBM은 자체적으로 이름 붙인 "전자피"에 의해 작동되는 새로운 뇌 주입형 컴퓨터의 원형을 공개했다.

IBM에 의하면 인간의 생각과 같은 역할을 하는 액체에 의해서 에너지가 공급되고 열이 식는 컴퓨터를 만듦으로써 실물을 통한 학습을 하고 있는 중이라고 한다.

인간의 뇌는 경이적인 연산능력을 포장해서 아주 작은 공간 안에 넣고 단지 20와트의 에너지만을 사용한다 – 이런 엄청난 효율성에 필적할만한 능력을 컴퓨터에 넣기 위해 IBM은 현재 심혈을 기울이고 있다.

0091 unveil

[ʌnvéil]

v 발표하다, 공개하다

They have unveiled plans to build houses.
그들은 집 짓는 계획을 공개했다.

0092 prototype

[próutoutaip]

n 원형

Have you seen the prototype of the new car?
새 자동차의 원형 모델 봤니?

0093 power

[páuər]

v 작동시키다, 동력을 공급하다

The car is powered by a Benz engine.
그 차는 벤츠 엔진으로 작동된다.

35

0094

[ilektránik]
ⓐ 전자의

Scientists say that if all smokers in the world switched from cigarettes to electronic cigarettes, it could save millions of lives. *(from BBC)*
과학자들에 의하면 전세계의 모든 흡연가들이 담배를 전자담배로 바꾸어 피운다면 그로 인해서 수 백만 명의 생명을 구할 수 있다고 한다.

0095

[fə:rm]
ⓝ 회사

These days many people hope to work in law firms.
요즘에는 많은 사람들이 로펌에서 일하기를 희망한다.

0096

[fjú:əl]
ⓥ 연료를 공급하다, 부채질하다

Asia is in the grip of a diabetes epidemic. Experts say the unabating rise may be fuelled by food scarcity and insecurity. *(from BBC)*
아시아는 지금 당뇨병 확산에 시달리고 있다. 전문가들에 의하면 수그러들지 않는 당뇨병 상승은 식량 부족과 불안한 사회환경에 의해 더욱 높아지고 있다고 한다.

0097

[ku:l]
ⓥ 식히다, 차게 하다

This air-conditioner can't be cooling the room enough.
이 에어컨은 방을 충분히 시원하게 할 수 없다.

0098

liquid

[líkwid]
ⓝ 액체

Add a little more liquid to the sauce.
소스에 물을 좀 더 넣도록 해라.

0099 pack
[pæk]
v 싸다, 포장하다

When the time came to pack their bags, her mother said there was no space for her father's story books. *(from BBC)*
가방을 쌀 시간이 되었을 때 그녀의 어머니는 아버지의 스토리 북을 넣을 공간이 없다고 말했다.

0100 phenomenal
[finάmənl]
a 경이적인, 경탄할만한

He made a phenomenal success in the computer business.
그는 컴퓨터업계에서 경이적인 성공을 했다.

0101 tiny
[táini]
a 아주 작은, 아주 적은

Here was tiny Lebanon, able to do what the rest of the Arab world hadn't done. *(from BBC)*
여기에 작은 레바논이 있었어요. 아랍세계의 다른 어느 국가도 해내지 못했던 것을 레바논은 해낼 수 있었습니다.

0102 efficiency
[ifíʃənsi]
n 효율, 능률

We need to take steps to improve efficiency and reduce costs.
우리는 효율을 높이고 비용을 줄이기 위한 조치를 취할 필요가 있다.

0103 keen
[ki:n]
a 간절히 ~을 하고 싶은, ~을 열망하는

I'm particularly keen to speak to anyone who saw the stolen black BMW. *(from BBC)*
도난 당한 그 까만색 BMW를 본 사람 누구하고든 대화를 나누어보고 싶은 마음 정말 간절합니다.

0104 match
[mætʃ]
v 대등하게 하다, 필적하다, 일치하다

Few cities in Europe can match the cultural richness of Berlin.
유럽에서 베를린의 문화적 풍요로움에 필적할 수 있는 도시는 거의 없다.

BBC
13

Conservationists are calling for an investigation into plummeting badger numbers in the run up to the cull.

The apparent 50% decline over a year before the cull started appears to be unprecedented, data from other badger populations suggests.

Government officials have blamed the cold winter, disease or lack of food for the dwindling numbers.

환경보호론자들은 도태준비기간 중에 급락한 오소리 숫자에 대한 철저한 조사가 이루어져야 된다고 요구하고 있다.

도태가 시작되기 전 1년에 걸쳐 50%가 눈에 띄게 감소했다는 것은 전례 없는 일인 듯 하다. 이것은 오소리숫자 전체를 계산한 다른 데이터가 시사하는 바이다.

정부 관계자들은 추운 겨울과 병, 또는 음식부족을 점점 줄어드는 오소리 숫자의 원인으로 들었다.

0105

conservationist

[kɑ̀nsərvéiʃənist]

n 환경 보호론자

Experts, including Roberto Maldonado, a conservationist at Galapagos National Park, hope the cameras will provide a close-up view of native species. *(from BBC)*

갈라파고스 국립공원에서 환경 보호론자로 일하고 있는 로베르토 말도나도를 포함한 전문가들은 그 카메라가 재래종을 클로즈업해서 보여주기를 희망하고 있다.

0106

call for

~을 요구하다

The demonstrators are calling for the release of him.

데모대는 그의 석방을 요구하고 있다.

0107
investigation
[invèstəgéiʃən]
n 수사, 조사

They launched an investigation into the crash.
그들은 그 추락사고에 대한 조사에 착수했다.

0108
plummet
[plʌ́mit]
v 급락하다

House prices are plummeting down.
집값이 급락하고 있다.

0109
badger
[bǽdʒər]
n 오소리

When it comes to a cull of badgers, it seems no amount of science will resolve the arguments. *(from BBC)*
오소리 도태문제에 관한 한 아무리 많은 과학적 이론도 그 논쟁을 해결하지 못할 것 같다.

0110
in the run up to
~을 준비하는 기간 동안에

They spent too much money in the run up to Christmas.
그들은 크리스마스 준비하는 중에 돈을 너무 많이 썼다.

0111
cull
[kʌl]
n 도태

There are many people against the cull policy.
그 도태정책에 반대하는 사람들이 대단히 많다.

0112
apparent
[əpǽrənt]
a 분명한, 쉽게 눈에 띄는

An apparent bite mark on the left thigh of her could have been caused by him.
(from BBC)
그녀의 왼쪽 넓적다리에 선명하게 난 물은 자국은 그에 의해서 생긴 것이었을 것이다.

0113 decline
[dikláin]
 감소, 축소

No wonder the numbers playing amateur football are in sharp decline. *(from BBC)*
아마추어 축구를 하는 사람들의 숫자가 급격히 감소하고 있다는 사실은 전혀 놀랄 일이 아니다.

0114 appear
[əpíər]
 ~인 것 같다

He appeared to give up before long.
그는 오래지 않아서 포기할 것 같았다.

0115 unprecedented
[ʌnprésidəntid]
 전례 없는

The top US commander in the Philippines told the BBC that military support would be on an unprecedented scale. *(from BBC)*
필리핀에 있는 미국의 최고 사령관은 BBC에 말하기를 군사지원이 전례 없는 규모가 될 것이라고 했다.

0116 blame
[bleim]
 ~의 책임으로 보다, ~을 탓하다

Activists have blamed the increase in destruction to Brazil's forest protection law. *(from BBC)*
사회 운동가들은 파괴의 증가가 브라질의 산림보호법 때문이라고 탓했다.

0117 dwindle
[dwíndl]
 점점 줄어들다

Apple has seen its market share dwindle over the last year. *(from BBC)*
애플은 작년 내내 시장점유율이 점점 줄어드는 모습을 확인했다.

BBC 14

Despite being home to about 16,000 tree species, just 227 "hyperdominant" species account for half of Amazonia's total trees, a study suggests. An international team of researchers found that the region was, in total, home to an estimated 390 billion trees. Writing in Science, they added that the rarest 11,000 species made up only 0.12% of tree cover. However, they added that the new data could help unlock ecological secrets held by the biodiversity hotspot.

약 16,000 수종(樹種)의 서식처임에도 불구하고 227개의 "초우성" 종들이 아마존전체 수목의 반을 차지한다고 연구조사에 나온다. 한 국제 연구원 팀이 알아낸 사실은 아마존은 총 합해서 추정치 3천 9백억 수목의 서식지라는 것이다. Science지에 글을 올리며 그들이 첨가한 사실은 가장 희귀한 11,000종의 수목은 수목 전체의 0.12% 밖에 차지하지 않는다는 것이었다. 그러나, 그들은 이러한 새로운 데이터가 생물의 다양성 핵심지역인 아마존이 보유하고 있는 생태계적 비밀들을 알아내는 데 도움을 줄 수 있을 거라고 덧붙였다.

0118
despite
[dispáit]
prep ~에도 불구하고

Despite their intense opposition, the garbage incineration plant was built in the region.
그들의 격렬한 반대에도 불구하고 쓰레기소각장이 그 지역에 세워졌다.

0119
be home to
~의 서식처이다

The estuary is home to unique life forms.
강어귀는 독특한 생명체들의 서식처이다.

0120
hyper-
[háipər]
초, 과다한

My kids are hyper-active.
우리 애들은 지나치게 활동적이야.

species
[spíːʃiːz]
n 종(種)

One of the biggest shifts was the increasing use of these species in bodybuilding supplements and facial creams. *(from BBC)*
가장 큰 변화 중의 하나는 이런 종들을 보디빌딩 보충재와 화장크림으로 점점 더 많이 사용하고 있다는 것이었다.

dominant
[dάmənənt]
a 우성(優性)의, 우세한

The disease is under the control of a single dominant gene.
그 병은 단일 우성 유전자의 지배를 받고 있다.

account for
특정한 양을 형성하거나 일부를 이루다

Afro-Americans account for 12% of the US population.
흑인들이 미국인구의 12%를 이룬다.

estimated
[éstəmèitid]
a 예상의, 추측의, 견적의

Its estimated street value is $125.
그것의 예상 시가는 125달러이다.

make up
이루다, 형성하다

Girls make up 52% of the student numbers.
여자아이들이 학생 수의 52%를 차지하고 있다.

add
[æd]
v 더하다, 덧붙이다

If it is too dry, add some water.
그게 너무 말라있으면 물을 좀 넣어라.

0127

rare
[rɛər]
 드문, 희귀한

In the universe as a whole, helium is one of the commonest elements, second only to hydrogen in its abundance. On Earth it is relatively rare, and the only element that escapes gravity and leaks away into space. *(from BBC)*
우주 전체로 볼 때 헬륨은 가장 일반적인 원소들 중의 하나이다. 그 풍부한 양에 있어서는 수소 다음이다. 지구상에서의 헬륨은 상대적으로 희귀한 원소이며 중력에서 이탈하여 우주공간으로 빠져나가는 유일한 원소이다.

0128

unlock
[ʌnlák]
 비밀을 드러내다, 열다

It is about time that you unlocked the secrets.
그 비밀들을 털어놓을 때가 됐어.

0129

ecological
[èkəládʒikəl, ì:k-]
 생태계의

What is the most critical component of ecological cycles?
생태계 순환의 가장 중요한 구성요소는 무엇일까?

0130

biodiversity
[bàioudivə́:rsəti]
 특정 지역 생물의 다양성

How can we study the biodiversity of the rainforest?
열대 우림의 다양성을 어떻게 연구할 수 있을까?

0131

hotspot
[hátspát]
 활기 넘치는 곳, 인기 있는 곳

We used to play at legendary hotspots such as the ABC Club.
우리는 한때 ABC 클럽 같은 전설적인 인기 클럽에서 놀곤 했었다.

BBC 15

Nepal's bid to win international recognition for five 8,000m-plus mountain peaks has been put on hold, the BBC has learnt.

India and Pakistan could not decide on the matter, causing the plan to stall at the international Mountaineering and Climbing Federation's annual meeting.

The tall peaks are appealing to experienced mountaineers; climbing them can make it easier to secure sponsors.

Mountaineering makes up a significant chunk of Nepal's earnings from tourism.

Winning international recognition for the new peaks would set an important precedent for Nepal because it plans to open several other new peaks in the future to climbers.

8,000미터 이상의 다섯 개 산봉우리를 국제적으로 인정받고자 하는 네팔의 노력은 일단 보류된 상태임을 BBC가 알렸다.

인도와 파키스탄이 그 문제를 결정하지 못함으로써 네팔의 계획이 국제 등산연합의 연회의에서 교착상태에 빠졌다.

이 높은 봉우리들은 경험 많은 등산객들에게는 대단히 매력적이기 때문에 일단 그곳들을 등반하는 것만으로도 스폰서를 얻기가 훨씬 수월해진다.

등산은 네팔의 관광수입의 큰 부분을 차지한다.

이 새로운 산들이 국제적 인정을 받게 된다면 그것은 네팔의 입장에서는 중요한 전례를 남기는 것이다. 네팔은 미래에 등반객들에게 다른 몇몇 새로운 산들의 등반을 허락할 계획을 현재 갖고 있기 때문이다.

[bid]
ⓝ 노력

I understand her desperate bid to free herself from a loveless marriage.
나는 그녀가 애정 없는 결혼생활에서 벗어나려고 필사적으로 노력하는 것을 충분히 이해해.

0133 **recognition**
[rèkəgníʃən]
ⓝ 인정, 승인

He has achieved recognition and respect as a scientist.
그는 과학자로서 인정과 존경을 받아왔다.

0134 **peak**
[piːk]
ⓝ 산봉우리, 정상

The snow-capped mountain peaks are beautiful.
눈 덮인 산봉우리가 정말 아름답다.

0135 **put on hold**
보류하다

Due to the kids, my career has been put on hold.
아이들 때문에 내 일은 그 동안 보류되어왔다.

0136 **stall**
[stɔːl]
ⓥ 교착 상태에 빠지다, 지연되다

There are several issues that could stall or derail momentum. *(from BBC)*
교착상태에 빠지거나 탄력을 잃을 수 있는 여러 가지 사안들이 있다.

0137 **annual**
[ǽnjuəl]
ⓐ 매년의, 연례의

The BBC's annual charity fundraising marathon Children in Need has raised over £31m. *(from BBC)*
BBC의 연례 자선모금 마라톤행사인 '어려움에 처한 아이들'은 3천 1백만 파운드 넘게 모금했다.

0138 **appealing**
[əpíːliŋ]
ⓐ 매력적인, 흥미로운

I found the atmosphere so appealing.
분위기 정말 끝내주던데.

0139 experienced
[ikspíəriənst]
ⓐ 경험 있는, 능숙한

He's experienced and self-assured.
그는 경험이 많고 자신감 있어.

0140 mountaineer
[màuntəníər]
ⓝ 등산가, 등산객

He's a fearless mountaineer.
그는 산악인으로서 두려움이 없다.

0141 secure
[sikjúər]
ⓥ 얻어내다, 확보하다

The company secured a $10 million contract.
그 회사는 천 만불 계약을 얻어냈다.

0142 sponsor
[spánsər]
ⓝ 스폰서, 후원자

Samsung is a major sponsor for Chelsi.
삼성은 첼시의 주요 스폰서이다.

0143 significant
[signífikənt]
ⓐ 중요한, 커다란

The prime minister said significant progress has been made since his speech in July. *(from BBC)*
수상은 지난 7월 자신의 연설 이후에 큰 진전이 있었다고 말했다.

0144 chunk
[tʃʌŋk]
ⓝ 상당히 많은 양

The rent takes a large chunk out of my monthly salary.
집세가 내 월급의 많은 부분을 가져간다.

0145

[ə́:rniŋz]
n 수입, 소득

By that time, a more flexible labour market was putting more people into part-time work, meaning lower weekly earnings. *(from BBC)*
그때까지 더욱 유동적인 노동시장은 보다 많은 사람들을 시간제 일에 밀어 넣고 있었다. 보다 낮은 주급을 의미하는 것이다.

0146

[túərizm]
n 관광업

There are some countries that depend on tourism for much of their income.
국가수입의 상당부분을 관광업에 의존하는 나라들이 있습니다.

0147

[présədənt]
n 전례, 선례

Parker said because of the band's past success with singles from their first album, they feel that they have "set a precedent." *(from BBC)*
파커는 자기 밴드의 첫 앨범에 수록된 싱글들의 성공 때문에 자신들이 "선례를 만들어 놓았다"고 생각하고 있다고 말했다.

BBC 16

The brain uses sleep to wash away the waste toxins built up during a hard day's thinking, researchers have shown. The US team believe the "waste removal system" is one of the fundamental reasons for sleep. Their study showed brain cells shrink during sleep to open up the gaps between neurons and allow fluid to wash the brain clean. They also suggest that failing to clear away some toxic proteins may play a role in brain disorders.

뇌는 수면을 이용해서 고된 하루 동안 복잡한 생각들로 인해서 생긴 쓰레기 독소들을 쓸어낸다고 연구원들이 발표했다. 미국연구팀은 "쓰레기 제거 시스템"이 우리가 잠을 자는 기본적인 이유들 중의 하나라고 믿고 있다. 그들은 연구를 통해서 뇌세포가 수면 중에 오그라들면서 신경 세포들 사이에 공간을 열어 유체가 뇌를 깨끗이 씻어내도록 한다는 사실을 보여주었다. 또한 그들의 발표내용을 보면 단백질 독소를 깨끗이 씻어내지 못하면 뇌장애가 생길 수도 있다고 한다.

0148

wash away

쓸어가다

I saw the flood wash away hundreds of homes.
그 홍수가 수백 가구를 쓸어가는 모습을 봤다.

0149

waste

[weist]

ⓐ 버려진, 쓸모가 없어진

It is a piece of waste ground.
그것은 버려진 땅이다.

0150

removal

[rimúːvəl]

ⓝ 제거, 철폐

They wanted the removal of trade barriers.
그들은 무역장벽철폐를 원했다.

0151 **toxin**
[tάːksin]
ⓝ 독소

The caterpillar which feeds at the top of oak trees contains a toxin in its hairs that can cause itchy rashes, eye and throat irritations. *(from BBC)*
참나무 꼭대기에서 먹이를 먹는 애벌레는 털에 독소를 담고 있어서 가려운 발진, 눈과 목구멍 염증을 유발할 수 있다.

0152 **fundamental**
[fʌndəméntl]
ⓐ 근본적인, 본질적인

The fundamental change is required. *(from BBC)*
근본적인 변화가 요구되고 있다.

0153 **shrink**
[ʃriŋk]
ⓥ 줄어들다, 오그라지다

The official figures showed that Italy's economy will shrink by 0.3% this year. *(from BBC)*
공식적인 숫자에 의하면 이탈리아 경제는 올해 0.3%까지 위축될 것이다.

0154 **gap**
[gæp]
ⓝ 틈, 구멍

There was no gap between the two cars.
두 자동차 사이에 틈이 없었어.

0155 **clear away**
청소하다, ~을 치우다

After clearing away, she drank a cup of coffee.
청소를 한 후에 그녀는 커피를 한 잔 마셨다.

0156

neuron

[njúərən, -rɔn, -roun]

 신경 세포

The more barbiturates there are, the harder it is for chemical messages to cross the gaps between one neuron and the next. *(from BBC)*

최면제로 쓰이는 바르비투르가 많으면 많을수록 화학적 메시지는 한 신경 세포와 바로 옆 세포 사이의 틈을 건너가기가 더욱 힘들어진다.

0157

fluid

[flú:id]

 유체, 액체

Mr. Mandela is no longer talking because of all the tubes that are in his mouth to clear fluid from the lungs. *(from BBC)*

만델라는 더 이상 대화를 못하고 있다. 그의 입 안에 폐에서 흘러나오는 액체를 빨아내기 위한 관들이 많기 때문이다.

0158

protein

[próuti:n]

 단백질

The green colour in phlegm and snot is the result of a protein made by the immune system to fight infection. *(from BBC)*

가래와 콧물에 나오는 녹색은 감염과 싸우기 위해서 면역 체계에 의해서 만들어지는 단백질 때문에 생긴 결과이다.

0159

play a role in

~에서 어떤 역할을 하다

Those articles played a role in terrorism.

그 기사들이 테러에 한몫 했다.

0160

disorder

[disɔ́:rdər]

 장애, 이상

They were suffering severe eating disorders such as bulimia and anorexia.

그들은 과식증과 거식증 같은 심각한 식장애를 겪고 있었다.

BBC 17

Cognitive behavioral therapy is more effective than standard care for people with hypochondria or health anxiety, say researchers.

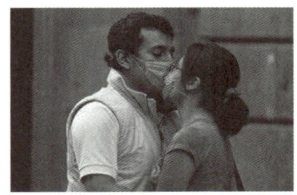

In their study, 14% of patients given CT regained normal anxiety levels against 7% given the usual care of basic reassurance. It said nurses could easily be trained to offer the psychological therapy. Between 10% and 20% of hospital patients are thought to worry obsessively about their health.

인식행동치료는 심기증이나 건강 불안증세를 가진 사람들을 위한 통상적 치료보다 더욱 효과적이라고 연구원들은 말한다.

그들이 연구한 내용에 의하면 인식행동치료를 받은 환자의 14%가 정상적인 불안 정도를 회복한 것에 비해서 환자를 안심시키기 위한 통상적인 기본 치료를 받은 환자는 7%에 불과했다. 연구에 의하면 간호사들은 쉽게 훈련 받아 심리치료를 할 수 있다고 한다. 10%와 20% 사이의 병원 환자들은 집요할 정도로 자신의 건강을 걱정하는 것으로 생각된다.

0161

cognitive

[kágnitiv]

ⓐ 인식의, 인지의

A lot of people have interest in cognitive psychology.

많은 사람들이 인식심리학에 관심을 보이고 있다.

0162

behavioral

[bihéivjərəl]

ⓐ 행동의, 행동에 관한

Drinking during pregnancy left her daughter with both physical and behavioral problems. *(from BBC)*

임신 중 음주로 인해서 그녀의 딸은 신체와 행동에 문제를 갖게 되었다.

0163 **therapy**
[θérəpi]
n 치료, 요법

He's in therapy for several years.
그는 여러 해 동안 치료를 받고 있다.

0164 **effective**
[iféktiv]
a 효과적인

The method is much less effective than expected.
그 방법은 기대했던 것보다 훨씬 효과적이지 못하다.

0165 **standard care**
통상적 치료

It can be treated by standard care.
그건 통상적 치료를 통해서 치료가 가능하다.

0166 **hypochondria**
[hàipəkàːndriə]
n 심기증 (건강에 대해서 지나치게 걱정하는 상태)

They're taking care of people with hypochondria.
그들은 심기증환자들을 돌본다.

0167 **anxiety**
[æŋzáiəti]
n 불안, 염려, 걱정

We do not underestimate the anxiety and stress that the attacks can cause.
(from BBC)
우리는 그 공격이 유발할 수 있는 불안과 스트레스를 과소평가하지 않는다.

0168 **regain**
[rigéin]
v 되찾다

He was shocked, but soon regained his composure.
그는 충격을 받았지만 곧 평정을 되찾았다.

0169 basic
[béisik]
ⓐ 기본의, 기본적인

The basic idea is simple.
기본발상은 간단하다.

0170 reassurance
[rèiəʃúərəns]
ⓝ 안심시키기

A cordon was in place and extra officers were in the area to offer reassurance to the public. *(from BBC)*
저지선이 쳐져 있었고 추가 경찰병력이 그 지역에 투입되었다. 이는 대중을 안심시키기 위한 조치였다.

0171 train
[trein]
ⓥ 교육시키다, 훈련하다

They were trained to deal with emergency situations.
그들은 긴급상황을 처리하기 위한 훈련을 받았다.

0172 psychological
[sàikəlà:dʒikəl]
ⓐ 심리의, 심리적인, 정신의

More than two-thirds of self-harm patients did not get a specialist psychological assessment. *(from BBC)*
자해(自害)환자들의 3분의 2 이상이 전문의 심리평가를 받지 못했다.

0173 be thought to
~라고 생각되어지다

He is thought to be innocent.
그는 결백하다고 생각되어지고 있다.

0174 obsessively
[əbsésivli]
ⓐⓓ 집요하게

She's obsessively jealous of his success.
그녀는 그의 성공을 극도로 시기질투하고 있다.

BBC 18

Housework and DIY are not strenuous enough to count towards people's activity targets, a paper has found.

It had been thought they could count towards the recommended 150 minutes of moderately intense activity per week. But the BMC Public Health study, which surveyed over 4,500

adults, found those who did housework were heavier than those who did other activities. Experts said activities only counted when they made breathing more rapid and the heart beat faster.

집안일과 DIY는 사람들의 활동목표가 될 정도로 격렬한 운동은 아니라고 한 신문이 발표했다. 그 동안은 이 두 가지 일이 매 주 150분의 적당한 권장 활동에 포함될 수 있다고 생각되어졌다. 그러나 4,500명 이상의 성인을 설문조사 한 BMC Public Health의 연구를 통해 알려진 사실은 집안일을 한 사람들이 다른 활동을 한 사람들보다 몸무게가 더 많이 나간다는 것이었다. 전문가들의 말을 빌면 활동은 그것이 호흡을 평소보다 더 가쁘게 만들고 심장박동을 더 빠르게 만들 때에만 인정받는다.

0175

housework

[háuswə:rk]

Ⓝ 집안일, 가사

Scientists have found housework actually makes people depressed.
과학자들이 발견한 사실은 집안 일이 실제로 사람들을 우울증에 걸리게 만든다는 것이다.

0176

DIY

디아이와이 (do-it-yourself)

As a leader in media design, USA TODAY is looking for DIY homeowners who share our passion for great design.
(from USA Today)

미디어 디자인계의 리더로서 USA TODAY는 훌륭한 디자인에 대한 우리의 열정을 공유하는 DIY 주택 보유자를 찾고 있다.

0177 strenuous
[strénjuəs]
@ 몹시 힘든, 격렬한

You should avoid strenuous exercise.
격한 운동은 피하셔야 합니다.

0178 count towards
~에 포함되다, 허락되다, 받아들여지다

The results count towards championship points.
그 결과는 챔피언십 포인트에 포함된다.

0179 moderately
[mɑ̀:dərətli]
ad 적당하게, 알맞게

A moderately strong earthquake struck near Mexico's Pacific coast resort of Acapulco. *(from USA Today)*
평범한 강도의 지진이 멕시코의 태평양 아카풀코 해수욕장 근처를 강타했다.

0180 intense
[inténs]
@ 강렬한, 열정적인

Watch Costa Rica practice bicycle kicks in an intense training session. *(from USA Today)*
코스타리카가 (실전을 방불케 하는) 격렬한 훈련 시간에 바이시클 킥 연습하는 것을 지켜보라.

0181 survey
[sərvéi]
v 설문조사를 하다

How about surveying smokers?
흡연자들을 상대로 설문조사를 하는 건 어떨까?

0182 breathing
[bríːðiŋ]
n 호흡

When I picked up the phone, all I heard was heavy breathing.
내가 수화기를 들었을 때 내게 들린 소리는 거친 숨소리뿐이었다.

0183 **rapid**

[rǽpid]
ⓐ 빠른

He made a rapid recovery.
그는 빠른 회복을 보였다.

BBC 19

Pollutants in the air we breathe have been classed as a leading environmental cause of cancer by the World Health Organization. It said the evidence was clear they cause lung cancer. Sources of pollution include car exhausts, power stations, emissions from agriculture and industry—as well as heating in people's homes. The WHO said the classification should act as a strong message to governments to take action.

우리가 호흡하는 공기중의 오염물질들은 세계보건기구에 의해서 암을 유발하는 주요 환경요인으로 분류되어 왔다. 세계보건기구는 그 오염물질들이 폐암을 유발한다는 분명한 증거가 있다고 말했다. 오염의 근원에는 자동차 배기가스, 다양한 발전소, 농업과 공업을 통해 발생하는 대기 속 배출물 등이 포함된다 - 가정에서의 난방은 말할 것도 없고. 세계보건기구는 이 분류가 정부들로 하여금 (오염을 줄이기 위한) 조치를 취하도록 하는 강한 메시지 역할을 해야 한다고 말했다.

0184

pollutant

[pəlúːtənt]

n 오염물질, 오염원

When mice younger than 2 weeks old were exposed to very small particles of pollutants, their brains showed damage.
(from USA Today)

생후 2주 이하의 쥐들이 아주 작은 오염 물질 입자에 노출되자 그 쥐들의 뇌가 손상을 입었음이 나타났다.

0185

class

[klæs]

v 분류하다

Heroin and cocaine are classed as hard drugs.

헤로인과 코카인은 중독성 마약으로 분류된다.

0186 **leading**
[líːdiŋ]
ⓐ 가장 중요한, 선두적인

He played a leading role in the project.
그는 그 프로젝트에서 가장 중요한 역할을 했다.

0187 **environmental**
[invàiərənméntl]
ⓐ 환경의, 환경과 관련된

We should not let it cause the environmental damage.
우리는 그것으로 인해서 환경이 손상입지 않도록 해야 한다.

0188 **cause**
[kɔːz]
ⓝ 원인, 이유

Breast cancer is the leading cause of death for American women in their 40s.
유방암이 미국 40대 여성들 사망의 가장 큰 원인이다.

0189 **evidence**
[évədəns]
ⓝ 증거

Clinton told that she wants to "wait and see what the evidence is" from the two states experimenting with legalizing cannabis for recreational use.
(from USA Today)
클린튼의 말을 빌면 그녀는 두 개의 주에서 이루어지고 있는 오락용 대마초의 합법화 실험을 통해서 어떤 증거가 나타나는지 기다려보고 싶다고 했다.

0190 **clear**
[kliər]
ⓐ 분명한, 확실한

Am I making myself clear?
내가 무슨 말 하는지 알겠어?

0191 pollution
[pəlúːʃən]
ⓝ 오염, 공해

Tiny bits of air pollution may irritate very young brains enough to cause problems. *(from USA Today)*
아주 적은 양의 공기오염도 아주 어린 뇌를 자극하여 문제를 일으킬 수 있다.

0192 exhaust
[igzɔ́ːst]
ⓝ 자동차의 배기가스

The review suggests a link between childhood leukemia and exposure to high levels of auto exhaust. *(from USA Today)*
그 보고서는 어린 시절 백혈병과 자동차 배기가스에의 심한 노출이 연관 관계에 있음을 시사하고 있다.

0193 emission
[imíʃən]
ⓝ 배출, 배출물

Obama is expected to unveil the first rules limiting carbon emissions from power plants. *(from USA Today)*
오바마는 발전소에서 탄소배출량을 제한하는 첫 규칙을 발표할 예정이다.

0194 agriculture
[ǽgrəkʌltʃər]
ⓝ 농업

More than 75% of the land is used for agriculture.
육지의 75% 이상이 농업에 이용된다.

0195 as well as
~에 더해서, ~는 물론이고

He owns a house as well as a store.
그는 가게는 물론이고 집을 소유하고 있다.

0196 heating
[híːtiŋ]
ⓝ 난방, 난방장치

The house didn't have any heating when we moved in.
그 집은 우리가 이사 들어갔을 때 난방장치가 전혀 없었다.

0197

[klæsəfikéiʃən]
n 분류

A judge gave Richmond the state's second-toughest sex offender classification. *(from USA Today)*
판사는 리치몬드를 그 주에서 두 번째로 강력한 성 범죄자로 분류했다.

0198

[ækt]
v 역할을 하다, 기능을 하다

It acted like painkillers.
그것은 진통제 같은 역할을 했다.

0199 **take action**

조치를 취하다, 행동에 옮기다

They didn't take any action to control it.
그들은 그것을 통제하기 위한 어떤 조치도 취하지 않았다.

BBC
20

We tend to assume that brains don't go with brawn – but that assumption is turning out to be seriously flawed. As the latest video from the Head Squeeze team shows, exercising the body is one of the best ways to boost your intelligence and preserve it through old age.

우리는 뇌가 체력과 연관성이 없다고 생각하는 경향이 있다 – 그러나 그런 추정은 심각하게 결함이 있는 것으로 드러나고 있다. Head Squeeze 팀이 보여준 최신 비디오에 따르면 육체적 운동이 지능을 더 향상시켜주고 나이가 들어서도 지능을 지키주는 가장 훌륭한 방법이라고 한다.

0200
tend

[tend]

ⓥ ~하는 경향이 있다, ~하기 쉽다

I never quite believe it when poets say that they're not writing out of their own feelings, and when that is the case, I tend not to be terribly interested in what they're doing. *(by Andrew Motion, from BBC)*

시인들이 자신의 감정을 시로 표현하는 게 아니라고 말할 때 저는 그 말을 100% 다 믿지는 않습니다. 만일 그들의 말이 사실이라면 저는 그들이 하고 있는 작업에 그렇게까지 관심이 가지는 않을 겁니다.

0201
brawn

[brɔːn]

ⓝ 체력

What they lack in brawn they make up for in skill.

그들은 체력적으로 부족한 부분을 기술적으로 대신한다.

61

0202
assumption
[əsʌ́mpʃən]
n 가정, 추정, 상정

This assumption was based on a rule known as Abbe's diffraction limit, named after an equation published in 1873 by the German microscopist Ernst Abbe. *(from BBC)*

이 가정은 아베의 회절한계라고 알려진 규칙에 근거한 것이었다. 이것은 독일의 현미경 숙련가였던 에른스트 아베에 의해서 1873년에 발표된 방정식의 이름을 따서 이름 붙여진 것이다.

0203
flawed
[flɔːd]
a 결함이 있는

The trouble is the military she has inherited is badly flawed. And the public knows it. *(from BBC)*

문제는 그녀가 상속받은 군대가 심하게 결함이 있다는 것이다. 그리고 대중들이 그 사실을 아주 잘 알고 있다.

0204
exercise
[éksərsàiz]
v 운동이 되게 하다, 운동하다, 운동을 시키다

Swimming exercises all the major muscle groups.

수영을 하면 모든 주요 근육군이 운동이 된다.

0205
boost
[buːst]
v 향상시키다, 더 늘리다

Some government departments face cuts to boost spending in other areas. *(from BBC)*

일부 정부 부서들은 감축을 해야 할 상황이다. 이는 다른 분야에서의 지출을 늘리기 위해서이다.

0206
preserve
[prizə́ːrv]
v 지키다, 보호하다

A group of Afrikaners wanted their homeland to preserve their culture. *(from BBC)*

일단의 아프리카너(남아프리카 공화국에서 Afrikaans를 제 1언어로 사용하는 네덜란드계 사람)들은 그들의 조국이 자신들의 문화를 보존해주기를 원했다.

voca TEST

 다음 보기 중 빈칸에 맞는 단어를 찾아 쓰시오.

보기: frets fixed steering grueling exhausts dominant effective beneficial phenomenal experienced

1. In some cases airbags "could become disabled" and in limited cases the power _____ function could be disabled.

2. The human brain packs _____ computing power into a tiny space and uses only 20 watts of energy.

3. The official figures also showed growth in industrial output, retail sales and _____ asset investment.

4. Cognitive behavioral therapy is more _____ than standard care for people with hypochondria or health anxiety.

5. Sources of pollution include car _____, power stations, emissions from agriculture and industry.

6. After _____ three hours 10 minutes in searing temperatures, Murray had finally followed in the footsteps of Fred Perry's 1936 win at the All England Club.

7. Mosley is a pessimist who constantly _____ about the future.

8. The tall peaks are appealing to _____ mountaineers.

9. They had no _____ effect on bone density, a sign of osteoporosis.

10. The disease is under the control of a single _____ gene.

정답: 1. steering 2. phenomenal 3. fixed 4. effective 5. exhausts 6. grueling 7. frets 8. experienced 9. beneficial 10. dominant

다음 단어에 해당하는 뜻을 찾아 선을 그으시오.

1. explore
2. output
3. strenuous
4. dwindle
5. stall
6. significant
7. supplement
8. keen
9. plummet
10. stunning

❶ needing a lot of effort or strength
❷ wanting to do something or wanting something to happen very much
❸ to suddenly and quickly decrease in value or amount
❹ having an important effect or influence, especially on what will happen in the future
❺ to discuss or think about something carefully
❻ to gradually become less and less or smaller and smaller
❼ extremely attractive or beautiful
❽ the amount of goods or work produced by people or factories
❾ to stop making progress or developing
❿ something that you add to something else to improve it or make it complete

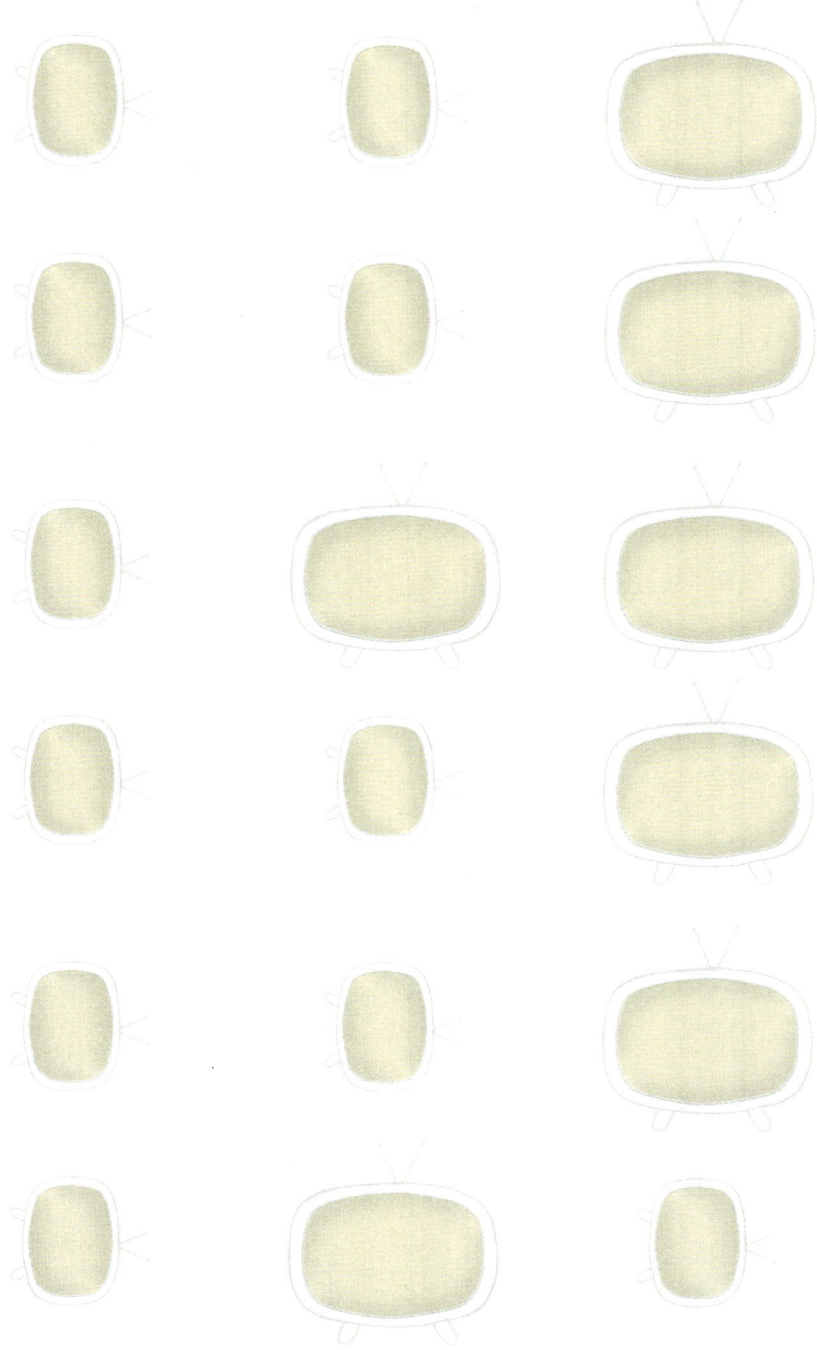

CNN

EDITION: INTERNATIONAL | U.S. | MÉXICO | ARABIC
TV | CNNi | CNN en Español
Set edition preference

Sign up | Log in

SEARCH

Powered by Google

| Home | Video | World | U.S. | Africa | Asia | Europe | Latin America | Middle East | Business | World Sport | Entertainment | Tech | Travel | iReport |

BREAKING NEWS A 6.2-magnitude quake strikes northeast of San Jose Del Cabo, Mexico, the U.S. Geological Survey says.

Make CNN Your Homepage

EDITOR'S CHOICE • Scenes from the field • ISIS explained • HK protests • Ebola in Spain • Bianchi injury • Mars sleepers? • Movie posters

U.S. envoy on Kobani: Don't let another city fall to ISIS

Kurdish fighters defending the key Syrian city of Kobani are dangerously outmanned as ISIS advances, a top U.N. official says as he calls for international help. FULL STORY

• FBI: Help us identify 'American fighter'
• Why is Kobani so important?
• Oil and crime makes ISIS rich
• Iraqis fight ISIS outside Baghdad

EBOLA EPIDEMIC

• 4 potential cases monitored in Spain
• Cameraman in U.S. 'reasonably stable'
• U.S. military fighting Ebola
• Family of Dallas patient claim bias
• Vaccine race challenges ethics

THE LATEST

• Hong Kong protests shrinking
• Hong Kongers weary of sit-ins
• UK arrests 'foil terror plot'
• Fire fighting air tanker 'crash' in U.S.
• F1 driver's injury revealed
• Syria 'kept 4 WMD plants secret'
• 3 scientists share physics Nobel
• Marburg virus strikes Uganda
• Twitter sues over spy data
• Abuse case snares 'Ted 2' star
• Judge: Ferguson police violated rights
• Lightning kills 11 during ritual
• U.N.: Wreck is not Columbus' flagship
• J-Law: Nude photo hack a 'sex crime'
• China removes 160,000 'phantom staff'
• Amazon faces Europe tax probe
• Bear cub found dead in New York City
• Morrissey hints at cancer scare

FIVE STORIES NOT TO MISS

• Who's doing what to fight ISIS
• Exclusive: ISIS female fighter defects
• Transgender murder shocks Brisbane
• Mexican troops head to mass grave
• Olympic hero Phelps suspended

OPINION AND ANALYSIS

• HK protests 'may scuttle democracy'
• U.S. hardliners missing point on Iran
• My right to death with dignity at 29
• ISIS: The largest gang on steroids?

NORTH KOREA

Where is Kim Jong Un?

The North Korean leader's disappearance from the public eye has some analysts speculating he may have been ousted by an old guard faction within the world's most isolated country. FULL STORY

ISIS THREAT

The group that could help defeat ISIS | Female fighter: 'I'm proud to kill ISIS' | Turkey's choice: Take on ISIS or PKK?

JULES BIANCHI

F1 driver's injury revealed

The family of the critically injured F1 driver reveal that he is suffering from an "acute arterial injury."

ISLAMIST TERROR

UK arrests foil suspected terror plot

Four are arrested on suspicion of commissioning or preparing acts of terrorism, police say.

• Terror raids in London

CNNGO JAPAN

Japan's ever-changing ramen scene

The "Ramen Guy" untangles the complex flavors of Japan's diverse dish.

READ THIS, WATCH THAT

World's 10 best city running trails | What Ebola drugs are in the works? | 'Sleeper ship' for Mars missions

Bringing you the latest news from the Middle East

FOLLOW US

CNN TV

Featured TV

BECKY ANDERSON
Live from Abu Dhabi

TV Programs
Full Schedule

WEATHER

  GO
London, United Kingdom
Current conditions
52° Clear
Hi 53° Lo 49°   10-day

MARKETS

All markets
Asia
Hang Seng   (-0.10%)
Nikkei   Closed (-1.67%)
ASX 100   (-0.77%)

MAKE EVERYBODY'S BUSINESS... YOUR BUSINESS
JUST CLICK HERE

0207~0412

CNN 01

Former world champion racing driver Michael Schumacher, who suffered severe head injuries in a weekend skiing accident in France, remained in stable condition, his manager said.

Sabine Kehm said Schumacher had been carefully supervised overnight. "His condition remains stable overnight and this morning," she said. "This is the good news – however I don't want to go into any further prospects because it's much too early, as the doctors said yesterday," she said.

전 세계 챔피언 카레이서인 마이클 슈마허는 주말에 프랑스에서 스키사고를 당해 머리에 심각한 부상을 입었는데 지금은 안정된 상태라고 매니저가 말했다.

새빈 켐의 말에 의하면 슈마허는 밤새 정성스럽게 치료를 받았다고 한다. "그의 상태는 밤새, 그리고 오늘 아침까지 안정적입니다. 좋은 소식이기는 하지만 더 이상의 예상은 하지 않겠습니다. 그러기에는 너무 이르기 때문입니다. 의사들이 어제 그렇게 말했습니다," 라고 그녀는 말했다.

0207

former

[fɔ́:rmər]

ⓐ 예전의, 과거의

Bobby Castillo, a former Dodgers and Minnesota Twins pitcher died Monday in a Los Angeles hospital after a battle with cancer. He was 59. *(from USA Today)*

다저스와 미네소타 트윈스의 전(前) 투수 바비 카스틸로가 암투병 중에 월요일 로스앤젤레스의 한 병원에서 향년 59세의 나이로 세상을 떠났다.

0208

racing driver

경주용 자동차 운전자

He can make a great racing driver.

그는 훌륭한 레이서가 될 수 있겠어.

0209 **suffer**
[sʌ́fər]
ⓥ 부상을 겪다, ~을 당하다

He suffered a heart attack.
그는 심장마비를 일으켰다.

0210 **severe**
[sivíər]
ⓐ 심각한, 엄격한

Showers are expected in the Southeast Sunday, but severe weather is possible in the Midwest. *(from USA Today)*
일요일에 남동지역은 소나기가 예상되지만 험한 날씨가 중서부지역에 생길 수 있습니다.

0211 **injury**
[índʒəri]
ⓝ 부상

Neymar will be fit to play in the World Cup quarterfinal against Colombia despite thigh and knee injuries sustained against Chile. *(from USA Today)*
네이마르는 칠레와의 경기에서 당한 허벅지와 무릎 부상에도 불구하고 콜롬비아와의 월드컵 8강전에 나설 정도로는 회복될 것이다.

0212 **accident**
[ǽksidənt]
ⓝ 사고, 재해

Don't drink and drive. It can cause severe accidents.
음주운전 하지마. 심각한 사고를 일으킬 수 있어.

0213 **remain**
[riméin]
ⓥ 어떤 상태를 유지하다, 남아 있다

The 15-year-old boy who fatally shot a fellow freshman at an Oregon high school last week has been laid to rest, but the questions about why he did it remain. *(from USA Today)*
지난 주 오레곤 고등학교에서 동료 1학년 학생에게 총을 쏴 치명적인 부상을 입힌 15세 소년의 장례식이 끝났다. 하지만 그가 왜 그랬는지에 대한 의문은 여전히 남아 있다.

0214
stable
[stéibl]
ⓐ 안정적인

Stable energy prices have saved the economy billions. *(from USA Today)*
안정적인 에너지 가격이 경제로 하여금 수십억 달러를 절약할 수 있게 해주었다.

0215
supervise
[súːpərvàiz]
ⓥ 감독하다, 지켜보다, 지휘하다

European leaders agreed to have ECB **supervise** all euro banks. *(from USA Today)*
유럽의 지도자들은 유럽 중앙은행(European Central Bank)이 모든 유로은행들을 감독하게 하는 데 동의했다.

0216
overnight
[óuvərnait]
ⓐⓓ 밤사이에, 하룻밤 동안

Can you stay **overnight** at my house?
우리 집에서 하루 밤 잘 수 있어?

0217

[fə́ːrðər]
ⓐ 더 이상의, 추가의

Obama said threats by North Korea will get it "nothing except **further** isolation" from the global community.
(from USA Today)
오바마 대통령은 북한의 협박이 국제사회로부터의 더욱 심화된 고립 이외에는 자신들에게 아무 것도 가져다 줄 것이 없을 거라고 말했다.

0218
prospect
[prɑ́ːspekt, prɔ́s-]
ⓝ 예상, 전망

Barack Obama's third term. That is what the Republican National Committee wants Americans to think when they consider the **prospect** of Hillary Clinton running for president in 2016. *(from CNN)*
버락 오바마의 세 번째 임기. 그것이 공화당 전국위원회에서 미국인들이 생각을 좀 해주었으면 하는 바램이지만 미국인들은 힐러리 클린튼이 2016년 대선에 출마할 전망에 대해서 깊이 생각하고 있다.

North Korean leader Kim Jong Un praised the recent purge of his uncle and former protector, saying it brought greater unity within the secretive, nuclear-armed state. "In the seething period of the effort for building a thriving country last year, we took the resolute measure of removing the factionalists lurking in the Party," Kim said in a New Year's address.

북한 지도자인 김정은은 최근 자신의 삼촌이자 예전 보호자를 숙청한 사실을 찬양하며 그것이 비밀스러운, 핵 무장된 나라 안에 보다 큰 안정을 가져다 주었다고 말했다. "지난 해에 강성국가 건설을 위한 투쟁의 격렬한 시기에 우리는 당 안에 숨어있던 파당 조성자들을 제거하는 단호한 조치를 취하였습니다," 김은 신년사에서 이렇게 말했다.

0219

praise

[preiz]

ⓥ 칭찬하다

President Obama praised the U.S. Men's Soccer Team for representing "America so well" in the World Cup, and gave a special mention to goalkeeper Tim Howard. *(from CNN)*

오바마 대통령은 월드컵에서 "미국이 아주 잘한다"는 사실을 대변해준 것에 대해서 미국 남자 축구팀을 칭찬했다. 그리고 골키퍼 팀 하워드에게 특별한 언급을 했다.

0220

recent

[ríːsnt]

ⓐ 최근의

Do Americans have all the facts when it comes to protecting their eyes from the sun? A recent poll says "no." *(from CNN)*

미국인들은 햇빛으로부터 눈을 보호하는 문제에 이르렀을 때 모든 사실을 알고 있는 걸까? 최근의 여론조사에 의하면 "전혀 그렇지 않다"이다.

0221

purge

[pə:rdʒ]

ⓝ 제거, 숙청

Up to half a million people were killed in Indonesia from 1965 to 1966 as part of the anti-communist purges. *(from CNN)*

50만명에 이르는 숫자가 인도네시아에서 1965년부터 1966년 사이에 죽었다. 반공주의자 숙청의 일환이었다.

0222

protector

[prətéktər, -tris]

ⓝ 보호자, 보호막

This World Cup is no protector of reputations. *(from CNN)*

이번 월드컵은 명성을 지켜주는 보호막이 전혀 아니다.

0223

unity

[júːnəti]

ⓝ 통합, 통일

It happened in the effort to bring unity and stability to the European nation. *(from CNN)*

그것은 그 유럽 국가에 통합과 안정을 가져다 주기 위한 노력 안에서 생긴 일이었다.

0224

secretive

[síːkritiv]

ⓐ 비밀스러운

Critics call the bank a phantom power, the most secretive public institution lending money around the world. *(from New York Times)*

비평가들은 그 은행을 유령의 힘, 즉 전세계적으로 돈을 빌려주는 가장 비밀스러운 공공기관이라고 부른다.

0225

nuclear-armed

[njúːkliərɑ̀ːrmd]

ⓐ 핵 무장한

While India tries to squeeze into the Nuclear Suppliers Group, the world's nine nuclear-armed countries—including India—are being sued by the Marshall Islands.

(from New York Times)

인도가 원자력공급국 그룹에 비집고 들어가려고 노력하는 중에 인도를 포함한 세계 아홉 개 핵무장 국가들은 현재 마샬 군도에 의해서 소송을 당하고 있다.

0226

seething

[síːðiŋ]

ⓐ 소용돌이치는, 격렬한, 혹독한

Austin Flake and his wife slept at the east end of the house, while the temperature climbed to seething heights in the kennel on the west end. *(from CNN)*

오스틴 플레이크와 그의 아내는 집의 동쪽 끝에서 잠잤다. 자는 동안 서쪽 끝에 있는 개 집 안의 기온이 엄청나게 올랐다.

0227

effort

[éfərt]

ⓝ 노력, 투쟁

It was part of the effort to get him used to everyday life in America. *(from CNN)*

그것은 그를 미국에서의 일상에 익숙하게 만들고자 하는 노력의 일환이었다.

0228

thriving

[θráiviŋ]

ⓐ 번성하는, 성대한

Jeff Bewkes, Time Warner's chairman & CEO, tells Fareed TV is thriving because "television is taking over the Internet."
(from CNN)

타임 워너의 의장이자 CEO인 제프 북스는 Fareed에게 지금 TV의 인기가 높아지고 있다고 말한다. "텔레비전이 인터넷을 따라잡고 있기" 때문이다.

0229

resolute

[rézəlùːt]

ⓐ 단호한, 확고한

He remained resolute in his belief.

그는 여전히 믿음이 아주 단호했다.

0230

measure

[méʒər]

ⓝ 조치

The Department of Homeland Security says it will enhance security measures for international flights coming into the U.S. *(from CNN)*

국토안보부서에서는 미국으로 들어오는 국제여객기에 대해서 보안조치를 더욱 강화하겠노라고 말한다.

remove
[rimúːv]
ⓥ 없애다, 제거하다

All declared chemical weapons in Syria have been removed or destroyed.
(from CNN)
시리아에서 신고된 모든 화학무기들은 그 동안 제거되던지 파괴되었다.

factionalist
[fǽkʃənlist]
ⓝ 파당 조성자, 당파에 속한 사람

Khalilzad is an inveterate factionalist and a master of intrigue.
Khalilzad는 고질적인 파당 조성자이고 음모의 대가이다.

lurk

[ləːrk]
ⓥ 숨어있다, 도사리다

She didn't see somebody lurking behind the tree.
그녀는 누군가 나무 뒤에 숨어있는 것을 보지 못했다.

address
[ədrés, ǽdres]
ⓝ 연설

The president delivered his weekly address.
대통령은 자신의 주간연설을 했다.

Orlando Bloom and Miranda Kerr are no longer a couple. The 36-year-old "Lord of the Rings" actor and his model wife, 30, have announced in a joint statement that they have "been amicably separated for the past few months." Bloom and Kerr have been together for six years and quietly wed in July 2010. According to their statement, it was only recently that they "decided to formalize their separation."

올란도 블룸과 미란다 커는 더 이상 부부관계가 아니다. 36세 된 "반지의 제왕"의 주인공과 그의 30세 된 모델 아내는 공동성명을 통해서 공식적으로 발표했다. 그들은 "지난 몇 개월 동안 우호적인 별거를 해왔다"는 것이었다. 블룸과 커는 6년 동안 같이 지내왔으며 지난 2010년 7월에 조용히 결혼했다. 그들의 성명에 따르면, 최근에서야 "그들은 결별을 공식화하기로 결정했다"고 했다.

0235

lord

[lɔːrd]

 n 귀족, 제왕, 예수, 구세주

I'm not sure how old I was when I first tried to play a "Lord of the Rings" video games, but I suspect I wasn't yet 10.
(from New York Times)

내가 처음 "반지의 제왕" 비디오 게임을 하려던 게 몇 살 때였는지는 분명히 모르겠다. 하지만 내 생각에 아직 10살은 되지 않았던 것 같다.

0236

announce

[ənáuns]

 v 발표하다, 알리다

President Obama announces he will take executive action on immigration reform, accusing Congress of doing nothing.
(from CNN)

오바마 대통령은 이민개혁에 대해 행정적 조치를 취할 것임을 발표하면서 의회가 아무런 조치도 취하고 있지 않음을 비난했다.

0237 joint

[dʒɔint]
ⓐ 공동의, 합동의

With their countries facing an Ebola epidemic of "unprecedented" proportions, the health ministers of 11 African nations have agreed to a joint strategy to try to stem its deadly advance. *(from CNN)*

나라 전체가 열대 전염병 에볼라 출혈열의 전례 없이 엄청 난 규모에 직면해 있는 아프리카 11개국 보건부 장관들은 병의 치명적인 확산을 막기 위해서 공동전략에 합의했다.

0238 statement

[stéitmənt]
ⓝ 성명, 진술

Mary Barra makes her statement before a House subcommittee on GM's recall stemming from a faulty ignition switch. *(from CNN)*

GM의 CEO인 매리 바라는 한 하원 분과위원회 앞에서 점 화스위치 결함으로 인한 GM의 리콜 사태에 대해서 성명 을 발표한다.

0239 amicable

[ǽmikəbl]
ⓐ 우호적인, 원만한

The parties have reached an amicable agreement. There will be no further statements regarding this matter. *(from CNN)*

양측은 원만한 합의에 이르렀습니다. 이 문제에 대해서 앞 으로 더 이상의 성명은 없을 것입니다.

0240 according to

~에 따라, ~에 따르면

More than 35 million Americans suffer chronic lung disease such as asthma, emphysema and chronic bronchitis, according to the American Lung Association. *(from CNN)*

미국인 3천 5백만명 이상이 천식, 폐기종, 그리고 만성기 관지염 같은 만성 폐병에 걸려있다. 미국 폐 협회에 따르 면 그러하다.

0241

[wed]
v 혼인하다, 결혼하다

Kaila DeRienzo tweeted about the first same-sex couple to wed in Virginia Beach.
카일라 드리엔조가 첫 동성커플이 버지니아 해변에서 결혼한다는 내용을 트윗했다.

0242

[rí:sntli]
ad 최근에

It was recently discovered in Canada.
그것은 최근에 캐나다에서 발견되었다.

0243

[fɔ́:rməlàiz]
v 공식화하다

The agreement was formalized last week.
그 합의는 지난 주에 공식화 되었다.

0244
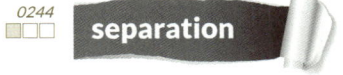
[sèpəréiʃən]
n 결별, 별거

After 10 years of marriage, Gwyneth Paltrow and Chris Martin announced their separation. *(from USA Today)*
결혼 10년만에 기네스 펠트로와 크리스 마틴은 결별을 공식 발표했다.

CNN 04

A mother of 14 in Colombia tried to make ends meet by pushing her daughters into "hell" and selling their virginity for a couple hundred dollars. Margarita de Jesus Zapata Moreno, 45, was arrested together with a 51-year-old contractor who police believe impregnated one of the young daughters.

콜롬비아에 사는 열 네 아이들의 어머니는 생계를 유지하기 위해서 딸들을 "지옥"으로 몰아넣으며 그들의 처녀성을 200달러에 팔려고 했다. 45세 된 마가리타 데 지저스 자파타 모레노는 51살 된 도급업자와 함께 체포되었다. 경찰은 그 도급업자가 어린 딸들 중 하나를 임신시켰다고 믿고 있다.

0245

make ends meet
겨우 먹고 살만큼 벌다

It wasn't easy for David Kizelewicz to make ends meet as a single father of four on a construction worker's salary after his first divorce. *(from CNN)*

David Kizelewicz는 첫 이혼 이후에 공사현장 인부 월급으로 네 아이를 혼자 키우며 생계를 유지하는 것이 쉽지 않았다.

0246

virginity
[vərdʒínəti]
ⓝ 처녀성, 동정

The virginity test allegations re-emerge in Egypt's 'climate of fear'. *(from CNN)*

동정테스트 주장이 이집트의 공포분위기 속에서 다시 등장하고 있다.

0247

arrest
[ərést]
ⓥ 체포하다

A Colorado teen is arrested and charged with conspiracy to provide support to terrorists. *(from CNN)*

콜로라도의 한 10대가 체포되어 테러리스트들을 지원했다는 음모죄로 기소되었다.

0248
contractor

[kàntræktər]

 계약자, 도급업자

The contractor for 1 World Trade Center is charged with fraud. *(from New York Times)*
원 월드 무역센터 도급업자가 사기죄로 고소를 당했다.

0249
impregnate

[imprégneit]

 임신시키다

Semen samples are smuggled out of prisons and used to impregnate Palestinians' wives. *(from CNN)*
정액 샘플이 감옥 밖으로 밀반출되어 팔레스타인 부인들을 임신시키는 데 사용된다.

CNN 05

Houston Texans head coach Gary Kubiak will remain hospitalized for at least one more day after collapsing as he walked off the field for halftime of the team's game against the Indianapolis Colts. "Gary is alert, coherent and in good spirits," the team said in a statement. "He is continuing to be evaluated and monitored."

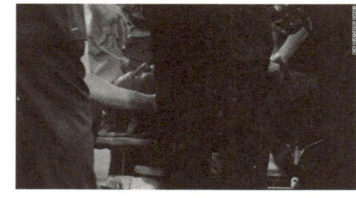

미국의 프로미식축구팀인 휴스턴 텍슨스의 헤드코치인 개리 쿠비악은 적어도 하루 더 병원에 입원해 있을 예정이다. 그는 인디아나폴리스 콜츠를 상대로 한 시합 중 중간휴식시간에 운동장에서 걸어 나오다가 의식을 잃고 쓰러져 입원한 상태였다. "개리는 지금 정신이 맑고 말도 조리 있게 하며 기분은 좋은 상태입니다," 팀은 성명을 통해서 이와 같이 말했다. "그는 계속 상태를 점검, 치료받을 겁니다."

0250

hospitalize
[háspitəlàiz]
ⓥ 입원시키다

Two suspects were hospitalized with life-threatening injuries after crashing a stolen Tesla into a building. *(from CNN)*
두 명의 용의자가 훔친 테슬라를 타고 건물을 들이받은 이후에 생명을 위협하는 부상을 입고 병원에 입원 중이었다.

0251

collapse
[kəlǽps]
ⓥ 의식을 잃고 쓰러지다, 주저앉다

A historic building in downtown Des Moines, Iowa collapsed after being engulfed in flames. *(from CNN)*
아이오와주 디모인 시내에 있는 역사적인 건물이 화염에 휩싸인 후에 무너졌다.

0252

walk off
~에서 걸어나가다

A gas station employee in Grand Rapids, Michigan, was fired after he left a note for his boss and walked off the job. *(from CNN)*
미시간주 그랜드 래비즈에 있는 주유소에 일하던 한 직원은 사장에게 한 장의 메모를 남긴 후에 일을 중단하고 주유소에서 나왔다가 해고되었다.

halftime
[hǽftaim]
n 하프타임, 중간휴식

The Red Hot Chili Peppers say they used pre-recorded music for their performance at the Super Bowl halftime show. *(from CNN)*
레드 핫 칠리 페퍼스는 슈퍼볼 하프타임 쇼 공연에서 미리 녹음된 음악을 사용했다고 말한다.

against
[əgénst, əgéinst]
prep ~을 상대로

Are you planning to initiate a lawsuit against the Obama administration and President Obama over abuse of executive actions? *(from CNN)*
당신은 오바마 행정부와 오바마 대통령을 행정조치의 남용이라는 이름으로 소송을 걸 계획이십니까?

alert
[ələ́:rt]
a 정신이 맑은

Taking notes is one of the best ways to stay alert in lectures.
노트필기를 하는 것이 강의 중에 맑은 정신을 유지하는 최선의 방법이다.

coherent
[kouhíərənt]
a 조리 있게 말하는, 일관성 있는

On social issues, Hillary Clinton may have recently evolved on same-sex marriage, but she hasn't done much to make a convincing (or even coherent) case for why. *(from CNN)*
사회문제에 있어서 힐러리 클린튼은 최근에 동성결혼에 대해서는 진보된 모습을 보였을지 모르겠지만 그 이유를 설득력 있게 (또는 일관성 있게) 입증하는 데에는 그다지 열성적이지 않았다.

in good spirits
기분이 좋은

We left in good spirits, having enjoyed a heavenly affogato for dessert.
(from New York Times)
우리는 기분 좋게 자리를 떴다. 이미 디저트로 정말 맛있는 아포가토를 먹었던 터였다.

0258 continue
[kəntínju:]
ⓥ 계속 ~을 하다

Tensions in Israel and Palestine continued to rise. *(from CNN)*
이스라엘과 팔레스타인 사이의 긴장상태는 상승하기 시작했다.

0259 evaluate
[ivǽljuèit]
ⓥ 평가하다, 감정하다

In 2010, the State Legislature approved the basic outlines of the new process to evaluate the state's public school teachers. *(from New York Times)*
2010년에 주 의회는 그 주의 공립학교 선생들을 평가하기 위한 새로운 절차의 기본 틀을 승인했다.

0260 monitor
[mánətər]
ⓥ 감시하다, 모니터하다

CNN's Tom Foreman reports on how flights are monitored in and around Malaysia and how Flight 370 could have disappeared. *(from CNN)*
CNN의 톰 포맨은 비행기가 말레이지아의 내부와 주변에서 어떻게 감시되는지, 그리고 비행기 370편이 어떻게 사라질 수 있었는지를 보도한다.

CNN 06

A day after Super Typhoon Haiyan roared into the Philippines, officials found more than 100 bodies scattered on the streets of one devastated coastal city. Officials rushed body bags to Tacloban city following the first significant report of fatalities. "There are numbers of undetermined casualties found along the roads. We have to send the requested 100 body bags in the area," Lt. Jim Aris Alagao told the Philippines news agency.

슈퍼 태풍 하이옌이 필리핀을 휘저어놓은 하루 뒤에 정부관계자들은 태풍이 쓸고 간 한 해안 도시의 거리에 흩어져 있는 100구 이상의 시체들을 발견했다. 관계자들은 급히 시체 운반용 부대를 타클로반 시로 보냈다. 이는 사망자들의 첫 중대 보고가 있은 다음의 일이었다. "신원이 확인되지 않은 많은 사상자들이 길거리에 널려 있습니다. 그 지역에서 요청 받은 100개의 시체운반용 부대를 보내야 합니다," 짐 아리스 알라가오 중위가 필리핀 통신사에 말했다.

0261 **typhoon**

[taifúːn]

 n 태풍

A large, powerful typhoon is growing in force as it barrels toward the Japanese island of Okinawa. *(from CNN)*
크고 강력한 태풍이 일본의 오키나와 섬을 향해서 질주해 오면서 힘이 점점 커지고 있다.

0262 **official**

[əfíʃəl]

 n 공무원, 관리

Colombian officials take steps to prevent celebratory violence and gunfire as Colombia faces Brazil in the World Cup. *(from CNN)*
콜롬비아 관리들은 콜롬비아가 월드컵에서 브라질과 만남으로써 있게 될 격렬한 축하행위와 총격을 막기 위한 조치를 취하고 있다.

0263 scattered
[skǽtərd]
ⓐ 산재한, 산발적인

Broken glass lay scattered over the floor.
깨진 유리가 바닥에 흩어져 있었다.

0264 devastated
[dévəstèitid]
ⓐ 완전히 파괴된, 엄청난 충격을 받은

He was left feeling totally devastated.
그는 엄청난 충격을 받은 상태로 있었다.

0265 coastal
[kóustəl]
ⓐ 해안의

I was driving along the coastal highway.
나는 해안고속도로를 따라서 차를 몰고 있었다.

0266 rush
[rʌʃ]
ⓥ 급히 수송하다, 급히 보내다

He was rushed to the hospital and injected with Adrenalin.
그는 서둘러 병원으로 옮겨졌고 아드레날린 주사를 맞았다.

0267 body bag
전쟁터 등에서 시체운반용 부대

They put the corpse in a body bag.
그들은 시체를 운반용 부대에 넣었다.

0268 follow
[fɔ́lou]
ⓥ 시간이나 순서상으로 뒤를 잇다

Walter Dean Myers, a beloved author of children's books, died on Tuesday following a brief illness. *(from CNN)*
월터 딘 마이어는 인기 많은 아동도서 작가인데 잠시 병을 앓은 후 화요일에 세상을 떠났다.

0269 **fatality**
[feitǽləti]
n 사망자

The graph shows a 50% increase in the number of traffic fatalities.
그 도표는 교통사고 사망자의 숫자가 50% 증가했음을 보여준다.

0270 **undetermined**
[ʌnditə́:rmind]
a 미결의, 미확인의

Authorities say the cause of the Texas blast that killed 15 people is still undetermined. (from CNN)
당국의 말에 의하면 15명의 생명을 앗아간 텍사스 폭발사고의 원인은 아직 확인되지 않고 있습니다.

0271 **casualty**
[kǽʒuəlti]
n 사상자, 피해자

It was a "serious accident" that caused an unspecified number of casualties. (from CNN)
그것은 확실하지는 않지만 상당수의 사상자를 낸 중대한 사건이었다.

0272 **requested**
[rikwésted]
a 요청된

The special detainee facility was not included on the list of requested construction projects. (from New York Times)
억류자들을 위한 특별시설은 이미 요청된 건설 프로젝트 리스트에 포함되어 있지 않았다.

CNN 07

Ten skydivers and the pilot of a small private plane died when their aircraft crashed in a rural area southeast of Belgium's capital, a local municipality said. Emergency dispatch teams were dispatched to the crash site in Namur, a community about 70 kilometers (43 miles) southeast of Brussels, Belgian Fire Service spokesman Eric Lambert told CNN.

열 명의 스카이다이버와 작은 민간항공기의 조종사가 죽었다. 그들 항공기가 벨기에 수도의 남동부지방의 한 지역에서 추락사고를 일으킨 것이라고 지방자치제 당국이 말했다. 비상파견 팀이 Namur에 있는 추락현장에 파견되었다. Namur는 브뤼셀에서 남동쪽으로 70킬로미터 정도 떨어져 있는 지역사회라고 벨기에 소방대 대변인인 에릭 램버트가 CNN에 전했다.

0273

skydiver

[skáidàivər]

 스카이다이빙 하는 사람

A California skydiver plummeted to his death after colliding with another jumper. *(from CNN)*

캘리포니아의 한 스카이다이버가 다른 다이버와 충돌한 이후에 곤두박질 치며 결국 사망했다.

0274

pilot

[páilət]

 비행사, 조종사

Is Asiana Airlines to blame for not adequately training its pilots? *(from CNN)*

아시아나 항공사가 조종사를 적절하게 훈련시키지 못한 데 책임이 있는 것인가?

0275

[έrkræft]
n 항공기

It seemed that happy days were not quite here again, but at least the miserable days that hit the business aircraft industry in 2009 appeared to be waning.
(from New York Times)

행복한 날들이 다시 도래한 것은 아니었지만 적어도 2009년에 업무용 항공기산업에 불어 닥친 우울하고 끔찍한 날들은 차츰 줄어들고 있는 것 같았다.

0276

[práivət]
a 개인소유의

This weekend, Casey Kasem's family will gather at a private memorial service to honor the legendary radio host, who died on Father's Day at age 82. *(from CNN)*

이번 주말에 케이시 케이슴의 가족은 그들만의 추도식에 모여서 향년 82세로 아버지의 날에 세상을 떠난 전설적인 라디오 진행자 케이시 케이슴을 추모할 것이다.

0277

[kræʃ]
v 추락하다

Eleven people died and one survived when a small aircraft crashed Saturday in Poland. *(from CNN)*

11명이 죽었고 한 명이 살아남았다. 작은 항공기가 토요일에 폴란드에서 추락한 것이었다.

0278

[rúərəl]
a 시골의, 지방의

Five years ago, rural hospitals in South Carolina illustrated the problem.
(from CNN)

5년 전에 사우스 캐롤라이나의 지방 병원들은 그 문제를 분명히 보여주었다.

0279

[kǽpətl]
n 수도

Washington D.C. is the current soccer capital of the United States. *(from CNN)*

워싱턴 D.C.는 지금 미국의 축구 수도이다.

0280 local
[lóukəl]
- a 지역의, 지방의

A local paper is under fire for using the "N-word" in a headline. *(from CNN)*
한 지역 신문이 표제로 "깜둥이"를 사용하여 맹비난을 받고 있다.

0281 municipality
[mju:nìsəpǽləti]
- n 지방 자치제 당국

Any investment in the municipality is welcome.
지방 자치제 당국에 대한 어떤 투자든 환영입니다.

0282 emergency
[imə́:rdʒənsi]
- n 비상, 비상사태

A small airplane in San Antonio, Texas, was forced to make an emergency landing. *(from CNN)*
텍사스 산 앤토니오에서 작은 항공기가 강제 비상 착륙했다.

0283 dispatch
[dispǽtʃ]
- n 파견
- v 보내다, 파견하다

I was dispatched to the place to cover the riot.
나는 그 폭동 취재를 위해서 그 장소로 파견되었다.

0284 site
[sait]
- n 위치, 장소

The Golden Gate Bridge is the most-used suicide site in the U.S. *(from CNN)*
금문교가 미국에서 자살 장소로 가장 잘 이용되는 곳이다.

0285 spokesman
[spóuksmən]
- n 대변인

The spokesman says hundreds of people have been arrested, including tribal leaders. *(from CNN)*
대변인의 말을 빌면 수백 명의 사람들이 체포되었는데 그 중에는 부족 지도자들도 포함되어 있다고 한다.

CNN
08

Russian police detained more than 300 people after protests over a recent stabbing death turned violent, sate news reported. Both the stabbing death and the protests took place in southern Moscow.

The latter targeted a vegetable market, where many migrants work, RIA Novosti reported.

러시아 경찰은 300명 이상을 구금했다. 최근에 발생한 칼로 사람을 찔러 죽인 사건이 폭력사태로 변한 것에 대한 시위가 있은 후에 구금이 진행되었음을 국영방송이 보도했다. 칼로 사람을 찔러 죽인 사건과 시위는 둘 다 모스코바 남쪽에서 일어났다. 후자, 즉 시위는 야채시장을 겨냥했는데 이곳은 많은 이주민들이 일하는 곳이라고 리아 노보스티가 보도했다.

0286
detain
[ditéin]
ⓥ 구금하다

New York police have detained a 20-year-old woman who left a baby in a stroller on a subway platform. *(from CNN)*
뉴욕 경찰은 애기를 유모차에 태운 상태로 지하철 플랫폼에 버리고 간 20세 여성을 구금했다.

0287
protest
[próutest]
ⓝ 시위, 항의

Fela Kuti's son led a protest against Nigeria's President. *(from CNN)*
Fela Kuti의 아들이 나이지리아 대통령을 상대로 한 시위를 주도했다.

0288
stabbing
[stǽbiŋ]
ⓝ 칼로 사람을 찌르는 사건

One of the teenage suspects in the Wisconsin "Slenderman" stabbing has been found mentally incompetent by a doctor. *(from CNN)*
위스콘신 "슬렌더맨"을 칼로 찔러 죽인 사건의 10대 용의자들중 한 명은 정신 박약아임이 의사를 통해서 밝혀졌다.

0289 violent
[váiələnt]
 폭력적인, 난폭한, 격렬한

Universal Pictures has a weakness for monsters. And Warner Brothers? Its movies have often displayed a violent streak. *(from New York Times)*
유니버설 픽처즈 영화사는 괴물을 아주 좋아한다. 그렇다면 워너브라더즈는? 워너브라더즈 영화들은 그 동안 연속적인 폭력장면들을 자주 보여줬다.

0290 latter
[lǽtər]
 후자, 마지막

The former is the undisputed home of country music; the latter attracts fans of barbecue, the blues, and Elvis from all over the world. *(from USA Today)*
전자는 이론의 여지가 없는 컨트리 음악의 본고장이며 후자는 바비큐, 블루스 음악, 그리고 엘비스를 사랑하는 사람들이 전 세계에서 몰려드는 장소이다.

0291 target
[tá:rgit]
 목표로 삼다, 겨냥하다

The service will be targeted at women, especially young professionals.
(from USA Today)
특히 젊은 여성의 전문직 종사자들을 겨냥하여 서비스가 진행될 예정이다.

0292 migrant
[máigrənt]
 이주자

The work has been done by migrant workers.
그 일은 이주민 노동자들에 의해서 행해졌다.

CNN 09

The Nobel Peace Prize has turned the global spotlight back on the conflict in Syria. The prize committee in Oslo, Norway, awarded it to the Organization for the Prohibition of Chemical Weapons, the international chemical weapons watchdog helping to eliminate the Syrian army's stockpiles of poison gas.

노벨 평화상은 세계인의 관심을 다시 한번 시리아 내의 충돌에 돌렸다. 노르웨이의 오슬로에 있는 상 위원회는 평화상을 화학무기 금지기구에 수여했다. 이 기구는 국제 화학무기 감시단체로서 시리아군의 독가스 비축량을 제거하는 데 도움을 주고 있다.

0293
global
[glóubəl]
ⓐ 세계적인

Global demand for oil will pick up next year as U.S. consumption reverses a four-year decline. *(from USA Today)*
세계적인 오일 수요가 내년에는 높아질 것이다. 미국의 오일 소비가 4년 동안의 하락세를 반전시킴에 따라 생길 결과이다.

0294
spotlight
[spátlait]
ⓝ 주목, 관심

Now she's stepping into the spotlight for her own work-acting. *(from USA Today)*
이제 그녀는 자신의 일로 인해서 주목을 받아가고 있다? 연기를 하는 일이다.

0295
conflict
[kánflikt]
ⓝ 갈등, 충돌

He helped end the conflict in Syria and encouraged leaders to take the courageous steps needed to end the Israeli-Palestinian conflict. *(from USA Today)*
그는 시리아에서의 갈등을 끝내는 데 도움을 주었고 지도자들을 독려하여 이스라엘-팔레스타인의 갈등을 끝내기에 필요한 용감한 조치를 취하도록 했다.

0296 committee
[kəmíti]
n 위원회

Which committee are you on?
어느 위원회 소속이신가요?

0297 award
[əwɔ́:rd]
v 수여하다

He has been awarded a scholarship at the university.
그는 그 대학에서 장학금을 받았다.

0298 prohibition
[pròuibíʃən]
n 금지, 금지규정

Alcohol prohibition increased criminal activity and put unsafe products in consumers' hands. *(from USA Today)*
음주 금지는 범죄행위를 증가시켰고 위험한 물건들이 소비자의 손에 쥐어지는 결과가 생겼다.

0299 chemical
[kémikəl]
a 화학의

A chemical company registered at the address closed in 1992. *(from USA Today)*
그 주소로 등록된 한 화학회사는 1992년에 문을 닫았다.

0300 watchdog
[wá:tʃdɔ:g]
n 감시인, 감시 단체

A watchdog group claimed Facebook broke the law when it conducted a study on the emotions of its users without their knowledge or consent. *(from USA Today)*
한 감시그룹은 Facebook이 법을 어겼다고 주장했다. Facebook이 사용자들의 감정에 관한 연구를 진행하면서 당사자들에게 알리지 않거나 동의를 구하지 않았다는 것이다.

0301 eliminate

[ilímənèit]

v 없애다, 제거하다

The New York Times plans to eliminate about 100 newsroom jobs.
(from New York Times)
뉴욕 타임즈는 100개 정도의 뉴스작성실 일을 없앨 계획이다.

0302 stockpile

[stá:kpail]

n 비축량

Syria has shipped out 11% of its chemical weapons stockpile.
시리아는 자체 화학무기 비축량의 11%를 배에 실어서 이미 외국으로 보냈다.

Three weeks ago, hip-hop star Andre Young–better known as Dr. Dre–made news as his Beats Electronics line, a maker of premium headphones, was valued at more than $1 billion thanks to an investment from the Carlyle Group. But the former N.W.A. rapper is not the only one profiting from his headphone line. In China, counterfeit Beats are flowing out of factories, assembly workshops and shops, attracting businesspeople that sell the headphones on global markets.

3주 전, Dr. Dre로 잘 알려진 힙합 스타 안드레 영은 뉴스 화제가 되었다. 고급 헤드폰 생산업체인 자신의 Beats Electronics 생산라인이 Carly Group으로부터의 투자 덕택에 10억달러 이상의 가치평가를 받았기 때문이다. 그러나 전 N.W.A. 래퍼인 그가 자신의 헤드폰 생산라인의 유일한 수혜자는 아니다. 중국에서 가짜 Beats가 공장, 조립 작업장, 그리고 가게에 쏟아져 나오면서 세계시장에 헤드폰을 판매하는 사업자들이 몰려들고 있다.

0303

better known as

~로 더 잘 알려진

He's better known as an actor.
그는 배우로 더 잘 알려져 있다.

0304

make news

신문의 기사감이 될 만한 일을 하다, 뉴스거리가 되다

She made news after her father offered millions to the man who could win her heart.
그녀는 화제가 되었다. 아버지가 딸의 마음을 얻을 수 있는 남자에게 수백만 달러를 제안한 후의 일이었다.

0305

value

[vǽljuː]

Ⓥ 가치를 평가하다

We decided to get the house valued.
우리는 그 집의 현재 가치를 평가 받기로 했다.

0306 line
[lain]
ⓝ 공장의 작업라인, 조립 공정

A handful of people work with screwdrivers and other basic tools on the assembly line of SavWatt. *(from CNN)*
몇몇 사람들이 스크루드라이버와 다른 기본도구를 가지고 SavWatt의 조립라인에서 일하고 있다.

0307 premium
[príːmiəm]
ⓐ 고급의

JetBlue launches premium service between New York's John F. Kennedy International Airport and Los Angeles International Airport. *(from CNN)*
젯블루는 뉴욕의 존 F. 케네디 국제 공항에서 LA 국제공항 사이를 오가는 비행기에서 고급 서비스를 시작한다.

0308 thanks to
~덕분에

We've reached our goal, thanks to the generosity of the public.
우리는 대중들의 너그러운 사랑으로 우리 목표를 도달하게 되었다.

0309 investment
[invéstmənt]
ⓝ 투자

We need to recognize that often what looks like consumption is actually investment. *(from New York Times)*
우리가 인식할 필요가 있는 것은 보기에는 소비같지만 그것이 사실은 투자인 경우가 자주 있다는 것이다.

0310 counterfeit
[káuntərfit]
ⓐ 위조의, 모조의

Two men in New York produced and sold counterfeit NFL tickets for popular post-season games. *(from CNN)*
뉴욕의 두 남성은 인기 있는 NFL 포스트시즌 게임의 위조 티켓을 만들어서 판매했다.

0311 flow
[flou]
ⓥ 흐르다, 넘쳐나다

Blood flowed from a cut on his leg.
그의 다리 베인 자리에서 피가 흘러나왔다.

0312 profit
[práfit]
v 이득을 얻다

Imagine a CEO wants to profit from a venture that, by the way, involves emitting pollution toxic to the environment, but she doesn't care because the goal is profit. *(from CNN)*
이런 상상을 한 번 해보세요. 한 CEO가 벤처 사업을 통해서 이익을 얻고자 합니다. 그런데 이 사업이라는 게 환경에 유해한 오염을 방출하게 되어 있습니다. 그러나 그녀는 그 사실에 전혀 개의치 않아요. 자신의 목표는 이익이기 때문입니다.

0313 assembly
[əsémbli]
n 조립

There were often small variations in the assembly and fabrication.
조립과 제작에 있어서 작은 변화들은 자주 있어왔다.

0314 workshop
[wə́ːrkʃap]
n 작업장

Each Gemma timepiece required more than 2,000 hours to construct at the workshop in Rome. *(from New York Times)*
(불가리의) 젬마 시계 하나하나는 로마에 있는 작업장에서 제조하는 데 2,000시간 이상이 필요했다.

0315 attract
[ətrǽkt]
v 끌어들이다

It has attracted surfers from across the world. *(from CNN)*
그것이 전 세계에서 서퍼들을 끌어 모았다.

CNN 11

It started with a father texting his daughter during the previews of a movie. It ended with the 43-year-old father shot dead amid the theater seats, and a 71-year-old retired police officer in custody in the shooting.

The incident escalated from an objection to cell phone use, to a series of arguments, to the sudden and deadly shooting.

사건은 한 아버지가 영화 시사회 도중에 딸에게 문자를 보내면서 시작되었다. 그 사건의 결말은 43세된 아버지가 영화관 좌석들로 둘러싸인 곳에서 총에 맞아 죽고 73세된 퇴역 경찰관은 그 총격사건으로 감금되었다.

이 사건은 휴대전화 사용을 하지 말라는 말에서 시작되어 계속 언쟁이 오가다가 결국 갑작스레 치명적인 총을 가하는 사건으로 증폭되었던 것이다.

0316
text
[tekst]
 문자를 보내다

She spent nearly all her time either on the phone or texting her friends.
그녀는 거의 모든 시간을 전화하거나 친구들과 문자하며 보냈다.

0317
preview
[príːvjùː]
 시사회

A crowd waits to be let into the V.I.P. preview. *(from New York Times)*
많은 사람들이 V.I.P. 시사회에 들어가기 위해서 기다리고 있다.

0318
amid
[əmíd]
 ~의 가운데, ~로 에워싸인

The audience was caught off guard at today's Prabal Gurung show when a streaker hopped onto the runway amid the procession of models.
(from New York Times)
관중들은 오늘 Prabal Gurung 쇼에서 완전히 황당한 경험을 했다. 무대 위에서 모델들이 행진하고 있는 중간에 한 사람이 알몸으로 뛰어든 것이었다.

0319 **retired**
[ritáiərd]
ⓐ 은퇴한, 퇴직한

The retried chief of domestic security fueled the speculation. *(from CNN)*
퇴역한 국가안보 위원장이 그 추측에 불을 붙였다.

0320 **custody**
[kʌ́stədi]
ⓝ 유치, 구류

He's in custody, charged with the murder.
그는 살인기소 되어 구류상태이다.

0321 **shooting**
[ʃúːtiŋ]
ⓝ 총격, 발사

He's responsible for the shootings.
그가 그 총격사건에 책임 있다.

0322 **incident**
[ínsədənt]
ⓝ 사건

An Aussie rules football player was suspended for four games after his "aggressive wrestling" incident on the field. *(from CNN)*
한 호주식 축구선수는 네 게임 출장 정지를 당했다. 경기장에서의 "공격적인 레슬링" 사건 이후에 생긴 일이다.

0323 **escalate**
[éskəlèit]
ⓥ 확대/악화시키다

They discussed the escalating violence in Israel and Gaza. *(from CNN)*
그들은 이스라엘과 가자에서 점점 확대되는 폭력사태에 대해서 토론했다.

0324 objection
[əbdʒékʃən]
 n 반대, 이의

Among the objections to the pants is the fact that it is easier to hide a knife in baggy jeans than in tight ones. *(from New York Times)*
그 바지에 반대하는 의견 중에는 타이트한 청바지보다 헐렁한 청바지 안에 칼을 숨기기가 더 쉽다는 사실도 포함되어 있다.

0325 a series of
일련의, 계속되는 ~

They are enjoying a series of victories.
그들은 연승을 만끽하고 있다.

0326 argument
[á:rgjumənt]
 n 언쟁, 논쟁

A truck driver confronts a cop for allegedly speeding and using a cell phone. The argument is caught on tape. *(from CNN)*
한 트럭 운전수가 이른바 과속과 운행 중 휴대전화 사용으로 경찰에게 걸린 후에 따지고 있다. 둘 사이의 언쟁은 고스란히 테이프에 녹화되었다.

0327 sudden
[sʌ́dn]
 a 갑작스러운

I don't think I can handle the sudden change.
그 갑작스러운 변화를 감당할 수가 없어.

0328 deadly
[dédli]
 a 치명적인

Comedian Tracy Morgan is suing Walmart over a deadly limo truck crash on the New Jersey Turnpike that left him critically injured. *(from CNN)*
코미디언 트레이시 모건은 월마트를 고소할 것이다. 뉴저지 고속도로에서 자신이 타고 가던 리무진이 월마트 트럭과 치명적인 충돌사고가 나서 아주 위태로울 정도의 부상을 당한 것에 대한 고소이다.

CNN 12

Smoking can kill you. We've known that for at least 50 years—and yet millions still smoke, and thousands more pick up the habit every year. Why? Their stories involve strong addictions, passionate defiance—and billions spent to make people act against their own best interest.

흡연은 당신을 죽일 수 있습니다. 그 사실을 우리는 적어도 50년은 알고 살아왔습니다 - 그런데 아직도 수백만 명이 담배를 피우고 있습니다. 그리고 수천 명이 더 해마다 그 습관에 접어듭니다. 왜 그럴까요? 그들의 이야기를 통해서 강한 중독, 격렬한 저항을 읽을 수 있으며 사람들이 그들 최고의 관심사인 흡연에 반(反)한 행동을 하게 하기 위하여 이미 수십억 달러의 돈이 소비되었음을 알 수 있습니다.

0329

at least

적어도

At least six people were killed and some 18 were wounded by an explosion in what appears to be a "deliberate attack" in Nairobi, Kenya. *(from CNN)*

적어도 여섯 명이 죽고 18명 정도가 부상을 당했다. 케냐의 나이로비에서 정황상 "고의적인 공격"으로 보이는 폭발사고에 의한 것이었다.

0330

pick up

(습관을) 들이다

Be careful not to pick up bad habits.

나쁜 습관을 들이지 않도록 주의해라.

0331

involve

[inválv]

Ⓥ 포함하다, 연루시키다

Police in Georgia are investigating whether Alix Tichelman may be involved in a similar case involving a drug overdose. *(from CNN)*

조지아 경찰은 Alix Tichelman이 약물 과다복용이 포함된 유사한 사건에 연루되어 있는지에 대해서 조사하고 있다.

0332 addiction
[ədíkʃən]
n 중독

It is very difficult to get over an addiction.
중독상태에서 벗어나기란 정말 어려운 겁니다.

0333 passionate
[pǽʃənət]
a 열정적인, 열렬한

He's very passionate and he has a real natural instinct for acting.
그는 열정적이고 연기에 진짜 타고난 소질이 있어.

0334 defiance
[difáiəns]
n 저항, 반항

Running away was an act of defiance against his parents.
도망가는 건 부모를 향한 그의 반항의 표시였다.

0335 interest
[íntərəst, -tərèst]
n 관심, 흥미

Manchester City midfielder Yaya Toure expresses interest for Paris Saint-Germain. *(from USA Today)*
맨체스터 씨티의 미드필더인 야야튜레는 파리 상제르망에 관심을 표하고 있다.

CNN 13

Pope Francis is delightfully frank, and that is what makes him positively engaging. He is also provocative in the best sense of that word. He seeks to challenge us and shake us out of our comfort zone. But he is not about to turn the Catholic Church upside down and inside out.

프란시스 교황은 기분 좋게 솔직한 사람이다. 그래서 그는 아주 매력적이다. 그는 또한 가장 좋은 느낌으로 도발적이다. 그는 우리에게 도전의식을 불러일으키고 우리를 안주하지 못하게 뒤흔든다. 그러나 그렇다고 그가 카톨릭교회를 뒤엎거나 들추려는 것은 아니다.

0336
delightful
[diláitfəl]
ⓐ 기분 좋은, 마음에 드는

I want a movie that's full of delightfully comic moments.
나는 기분 좋게 웃기는 순간들로 가득 찬 영화가 보고 싶어.

0337
frank
[fræŋk]
ⓐ 솔직한

You need to be completely frank with her about what happened.
너 무슨 일이 있었는지 그녀에게 완전히 솔직하게 말해줘야 돼.

0338
positive
[pázətiv]
ⓐ 긍정적인

Russia's proposal for Syria to surrender its chemical weapons to international control was a "potentially positive development." *(from CNN)*
시리아가 화학무기를 국제관리로 넘겨야 된다는 러시아의 제안은 "잠재적으로 긍정적인 발전"이었다.

0339 engaging
[ingéidʒiŋ]
ⓐ 호감이 가는, 매력적인

Look at his smile. It's engaging.
그의 미소를 좀 봐. 매력적이잖아.

0340 provocative
[prəvákətiv]
ⓐ 도발적인, 자극적인

The Russian foreign ministry accused the group of "aggressive and provocative" behavior. *(from BBC)*
러시아 외무부에서는 그 그룹을 "공격적이고 도발적인 행위"를 한다고 비난했다.

0341 seek
[siːk]
ⓥ ~하려고 시도하다, 구하다

Once the Organization for the Prohibition of Chemical Weapons (OPCW) agrees to the plan, the UN Security Council will seek to endorse it. *(from BBC)*
일단 화학무기금지기구에서 그 계획에 동의하면 유엔안보리에서는 그것을 공개적으로 지지하려 할 것이다.

0342 turn something upside down
~을 뒤집어엎다, 엉망으로 만들다

Somebody broke into the room and turned it upside down.
누군가 그 방으로 난입하여 완전히 뒤집어 놓았다.

0343 turn something inside out
~을 뒤집어 놓다

I saw somebody turning the house inside out.
누군가 그 집을 뒤집어 놓는 걸 봤어.

CNN 14

BlackBerry said it will report a loss of nearly $1 billion for the second quarter and slash 40% of its global workforce. Shares of BlackBerry were halted at about 3:30 p.m. ET and plunged 20% when trading resumed. For the day they closed down 17%. BlackBerry's stock is down 26.5% this year.

블랙베리는 2/4분기에 거의 10억 달러에 달하는 손실과 전세계에서 일하는 직원의 40% 삭감을 보고할 예정이라고 말했다.

블랙베리 주식은 동부시간으로 오후 3시 30분 경에 거래 중단되었으며 거래재개 후에 20% 폭락했다. 당일 그 주식은 17% 떨어진 상태로 마감했다. 블랙베리 주식은 올해 26.5% 떨어졌다.

0344 report

[ripɔ́ːrt]

 공식적으로 대중들에게 발표하다

Doctors have reported a 9% increase in the number of women with breast cancer.
의사들은 유방암에 걸린 여성들의 숫자가 9% 늘었다는 사실을 공식적으로 발표했다.

0345 loss

[lɔːs]

ⓝ 손실, 손실액

It said it anticipated a loss of as much as $995m. *(from BBC)*
회사에서는 9억9천5백만 달러의 손실이 예상된다고 했다.

0346 global

[glóubəl]

 세계적인, 전반적인

We must be aware of the global climate change.
우리는 세계 기후변화를 잘 깨닫고 있어야 한다.

0347 slash
[slæʃ]
ⓥ 대폭 줄이다, 베다

Australia's opposition says it will slash foreign aid, as it set out more planned cuts and policy costings two days before the general election. *(from BBC)*
호주의 야당은 말하기를 앞으로 대외 원조를 대폭 줄이고 그에 따라 전반적인 삭감과 정책비용을 훨씬 계획하에 진행하겠노라고 총선 이틀 전에 이야기했다.

0348 workforce
[wə́:rkfɔ:rs]
ⓝ 노동력, 노동 인구

Women now represent almost 50% of the workforce.
여성이 지금은 노동인구의 거의 50%에 해당된다.

0349 halt
[hɔ:lt]
ⓥ 중단시키다, 서다

Libya wants UK help to halt Syria arms smuggling. *(from BBC)*
리비아는 영국이 시리아의 무기밀수를 중단시키는 데 도움을 주기를 원하고 있다.

0350 plunge
[plʌndʒ]
ⓥ 급락하다, 거꾸러지다

The unemployment rate plunged sharply.
실업률이 급격히 떨어졌다.

0351 resume
[rizú:m]
ⓥ 재개하다, 다시 시작하다

Iran and Iraq resumed diplomatic ties in September, 1990. *(from BBC)*
이란과 이라크는 1990년 9월에 외교관계를 재개했다.

15

The new iPhones went on sale in the U.S., China and seven other countries Friday, and throngs of people lined up to be among the first to snag one. Outside Apple's flagship New York retail outlet on Fifth Avenue early Friday morning, the line wrapped around the store and then stretched for more than three city blocks. Apple employees high-fived customers once doors opened at 8 a.m.

새로운 아이폰이 미국, 중국, 그리고 일곱 개의 다른 나라들에서 금요일에 판매에 들어갔다. 그리고 많은 인파가 줄을 서서 아이폰을 가장 먼저 손에 쥐고자 했다. 애플의 대표 건물인 5번가에 위치한 뉴욕 소매판매처 밖으로 금요일 이른 아침에 줄이 매장을 둘러싸고 있었으며 그 줄은 주변 세 구획 이상 늘어서 있었다. 애플 직원들은 오전 8시에 문을 열자 고객들과 하이파이브를 했다.

0352

go on sale

판매하다

The album is going on sale this weekend.
그 앨범은 이번 주말에 판매될 거야.

0353
throng

[θrɔːŋ]
n 인파, 군중

Jostling their way through the throng are the city's famous porters. *(from BBC)*
인파를 밀치며 나가는 자들은 도시의 유명한 포터들이다.

0354

line up

줄을 서다

Line up, everybody!
자, 다들 줄을 서세요, 줄을!

0355 snag
[snæg]
- v 갖기 어려운 것을 성공적으로 손에 쥐다

I snagged a parking space in the last row.
마지막 줄에 주차할 장소를 겨우 찾았어.

0356 flagship
[flǽgʃip]
- n 대표 건물, 주력 상품

Nick Bilton, technology columnist for The New York Times, examined some of the implications of the updates and changes coming to Apple's flagship smartphone.
(from The New York Times)
뉴욕타임즈 테크노 칼럼니스트인 닉 빌튼은 애플의 주력 스마트폰이 가져올 업데이트와 변화의 영향을 조사했다.

0357 retail outlet
소매판매처

We're looking for more retail outlets for our products.
우리는 지금 우리 제품을 판매할 더 많은 소매판매처를 찾고 있는 중이다.

0358 wrap around
둘러싸다

I saw the line wrapping around the movie theater.
나는 줄이 극장을 완전히 둘러싸고 있는 걸 봤어.

0359 stretch
[stretʃ]
- v 이어지다, 펼쳐지다

The buildings stretched out as far as we could see.
건물들이 끝이 안 보일 정도로 늘어서 있었다.

0360 high-five
[háifàiv]
- v 하이파이브를 하다

They high-fived each other after winning the game.
그들은 시합을 이긴 후에 서로 하이파이브를 했다.

It would not be surprising for an associate pastor to pray with his parishioners. But Jorge Juan Castro wound up preying on them instead, the Los Angeles County Sheriff's Department said Friday. He is accused of raping more than 20 women, many of whom are Spanish-speaking, undocumented immigrants.

부목사가 교구주민들과 함께 기도하는 건 전혀 놀랄 일이 아닐 것이다. 그러나 Jorge Juan Castro는 대신에 주민들을 먹이감으로 삼았다고 LA 카운티 경찰국이 금요일에 말했다. 그는 현재 20명 이상의 여성을 강간한 죄목으로 고발된 상태이다. 그들 중 상당수는 스페인어를 구사하는, 합법적인 증명서 없는 이민자들이다.

0361

surprising

[sərpráiziŋ]
ⓐ 놀라운, 놀라게 하는

These are surprising, cutting-edge and truly useful enhancements; I can't wait to spend some time with the new phones to see how well they live up to the promise. *(from The New York Times)*

이런 기능향상이라면 정말 놀랍고 최첨단이며 대단히 쓸모 있는 것이다; 빨리 시간 내서 새로 나온 전화들의 성능이 개발사에서 약속한 내용과 정말 얼마나 잘 부합되는지 확인해봐야겠다.

0362

associate

[əsóuʃièit, -si-]
ⓐ 부(副), 준(準)

I got a phone call from the associate producer. *(from Newsweek)*

난 협력 프로듀서에게서 전화를 받았다.

0363

parishioner

[pəríʃənər]
ⓝ 교구 주민

The pastor is popular with the parishioners.

그 목사는 교구주민들에게 인기 있다.

0364 pastor
[pǽstər]
n 목사

Pastor Terry Jones, the controversial minister known for wanting to burn the Quran, was arrested in Florida on felony charges. *(from Newsweek)*
테리 존스 목사는 쿠란을 불태우고 싶어하는 것으로 잘 알려져 있고 많은 논란이 되고 있는 목사로서 중범죄 기소로 플로리다에서 체포되었다.

0365 wind up
많은 일이 있은 후에
결국 ~라는 상태에 이르다

I wound up really liking him. And I got a picture of us together. I haven't shown that to anyone. *(from Newsweek)*
나는 그를 정말 좋아하게 됐어. 우리가 함께 찍은 사진을 갖고 있는데 난 그것을 아직 아무한테도 보여주지 않았어.

0366 prey on
~을 잡아먹다

Nothing in our Constitution gives dangerous criminals a right to prey on innocent, law-abiding people.
(from Newsweek)
우리의 헌법상에는 어떤 조항도 위험한 범죄자에게 아무 잘못 없고 법을 준수하는 사람들을 먹이로 피해를 줘도 좋다는 자격을 부여하지 않습니다.

0367 instead
[instéd]
ad 대신에

If you can't attend the meeting, I could go instead.
네가 그 회의에 참석할 수 없다면 대신 내가 가도록 하지 뭐.

0368 sheriff
[ʃérif]
n 보안관, 치안 담당관

He's one of the local sheriffs.
그는 지역 보안관이다.

0369

accuse

[əkjúːz]

v 고발하다, 혐의를 제기하다

Two new lawsuits accused a Manhattan gallery of having sold fakes. *(from New York Times)*
두 개의 새로운 소송은 맨하탄의 한 갤러리가 모조품을 팔았다는 내용이었다.

0370

rape

[reip]

v 강간하다

Meaghan Ybos was 16 and had just arrived home from school when a man in a ski mask held a knife to her throat and raped her. *(from New York Times)*
Meaghan Ybos는 16세였고 학교에서 막 집으로 돌아온 상태였다. 그때 스키 마스크를 쓴 남자가 칼을 그녀의 목에 들이대고 그녀를 강간했다.

0371

undocumented

[ʌndɑ̀kjuméntid]

a 합법적인 서류나 증명서를 갖고 있지 않은

Few professions are open to undocumented workers.
불법노동자들에게 열려있는 일자리는 거의 없다.

0372

immigrant

[ímigrənt]

n 이민자, 이주민

I am still an undocumented immigrant. And that means living a different kind of reality. *(from New York Times)*
나는 아직도 불법 이주민이다. 그리고 그것이 의미하는 것은 다른 종류의 현실을 살아간다는 것이다.

CNN 17

Bank of America has announced a program that will let homeowners facing foreclosures stay in their homes as renters. The "Mortgage to Lease" program for up to 1,000 homeowners in Arizona, Nevada and New York selected by the bank.

미국은행은 압류를 눈앞에 둔 주택보유자들이 자신의 집에 세입자로서 계속 살게 해주는 프로그램을 발표했다. "융자에서 임대차계약으로" 프로그램은 한정적인 파일럿 프로그램으로 시작될 것이다.
은행에서 선발한 아리조나, 네바다, 그리고 뉴욕의 1,000명에 이르는 주택보유자들이 대상이다.

0373
foreclosure
[fɔːrklóuʒər]
 담보권 행사, 압류

My friend is renting a house in Queens. She has signed a lease that ends in about five years. The house went into foreclosure and is now owned by the bank. *(from International Herald Tribune)*
제 친구는 퀸즈에 있는 주택에 세 들어 살고 있습니다. 그녀가 서명한 임대차 계약은 약 5년 후에 끝납니다. 그 집은 이미 압류되어서 현재는 은행소유로 되어 있습니다.

0374
mortgage
[mɔ́ːrgidʒ]
 대출(금), 융자(금)

Mortgage, the long-term loans to buy a home or property, are a lot tougher to get these days. *(from New York Times)*
대출은 집이나 건물을 사기 위한 장기융자를 뜻하는데 이것이 요즘 들어서 훨씬 받기 힘들어졌다.

0375
pilot
[páilət]
 시험 프로그램

It was a pilot for a new sitcom.
그건 새로운 시트콤 시험 프로그램이었어.

CNN 18

Goldman Sachs was already a household name by the time former executive Greg Smith chose to voice his reservations about it so publicly in The New York Times. The problem, Smith alleges, is that Goldman is now outsmarting its clients, to their detriment.

골드만 삭스는 이미 보통사람 누구나가 다 아는 이름이었다. 시기적으로 그런 상태에서 전 회사중역인 그렉 스미스가 회사에 대한 자신의 의구심을 뉴욕 타임즈에 공개적으로 언급하기로 결정했다. 문제는, 스미스의 주장에 의하면, 골드만이 현재 고객들을 속여 피해를 주면서까지 자신의 이익을 취하고 있다는 것이다.

0376

household name

누구나 다 아는 이름

It made the company into a household name.
그것으로 인해서 그 회사는 누구나 다 아는 이름이 되었다.

0377

voice

[vɔis]

v 말로 표현하다

You should voice your opinion.
너의 의견을 똑바로 표현하도록 해.

0378

reservation

[rèzərvéiʃən]

n 의구심, 의혹

I had serious reservations about her statement.
나는 그녀의 진술에 대단히 의구심이 들었다.

0379
allege
[əlédʒ]
ⓥ 확실한 근거 없이 주장하다

Court documents allege it was Richardson, not her husband, who mailed the letters. *(from NBC News)*
법원문서에 주장된 바에 의하면 남편이 아닌 리차드슨 본인이 직접 그 편지들을 발송했다고 한다.

0380
outsmart
[àutsmá:rt]
ⓥ 속임수나 요령을 피움으로써 ~보다 한 수 앞서 이익을 얻다

With less capacity and more oversold flights, it's getting harder to outsmart the airlines. *(from CNN)*
수용인원은 더욱 줄어들고 과잉 판매되는 항공편은 더욱 많아지면서 항공사를 상대로 이득을 취하려는 행위가 점점 더 어려워지고 있다.

0381
detriment
[détrəmənt]
ⓝ 손상, 손상을 초래하는 것

The vice president for Google, Vinton Cerf, warned that the move will result in higher internet costs to the detriment of developing countries. *(from gantdaily.com)*
구글의 부사장인 빈튼 써프는 경고했다. 그 조치는 결국 인터넷사용 비용을 높여서 개발 도상국가들이 타격을 입게 될 것이라는 것이다.

CNN 19

Torrential rains washed long-buried landmines onto a heavily traveled highway near Chile's border with Peru. This is reinforcing the need for all governments to clear all contaminated land, or seek assistance in doing so.

페루와 접한 칠레의 국경 근처에서 폭우로 인해서 오랫동안 묻혀있던 지뢰들이 자동차의 왕래가 빈번한 고속도로에 노출되었다. 이것은 모든 정부들이 모든 오염지역을 깨끗하게 만들어야 할 필요성, 또는 그렇게 하기 위해 외부의 도움을 청할 필요성을 강화시키고 있다.

0382

torrential

[tɔːrénʃəl]

ⓐ 비가 양동이로 들이붓듯이 내리는

At least 35 people were killed by flooding overnight in Argentina's Buenos Aires province, bringing the overall death toll from days of torrential rains to at least 41. *(from USA Today)*

적어도 35명이 홍수로 인해서 밤사이에 아르헨티나의 부에노스아이레스주에서 사망했다. 이로써 며칠 동안의 폭우로 사망한 전체 사망자수는 적어도 41명에 이른다.

0383

bury

[béri]

ⓥ 묻다, 매장하다

Seven miners were buried alive.

7명의 광부들이 산 채로 묻혔어.

0384

reinforce

[rìːinfɔ́ːrs]

ⓥ 강화하다, 보강하다

This magazine is reinforcing the idea that women should be pretty.

이 잡지는 여성은 예뻐야 된다는 생각을 지금 더욱 강력하게 주장하고 있잖아.

contaminate

[kəntǽmənèit]

 오염시키다

I think you need to have some reasonable assurances that the process is not going to contaminate the environment.
(from USA Today)

제 생각에는 합리적인 확신을 가져야 된다고 봅니다. 그 공정이 환경을 절대 오염시키지 않을 거라는 확신 말이죠.

CNN 20

The son-in-law of Spain's King Juan Carlos arrived in court to testify before a magistrate as a suspect in a fraud scandal. He is under investigation for diverting public funds that were earmarked for his foundation for private use.

스페인 왕 후안 카를로스의 사위가 법정에 도착해서 치안 판사 앞에서 증언했다. 사기 스캔들 용의자의 입장에서 증언한 것이었다. 그는 이른바 공금을 유용했다는 이유로 조사를 받고 있다. 자신의 재단으로 배정된 자금을 개인용도로 이용했다는 것이다.

0386 testify

[téstəfài]
v 진술하다, 증명하다

The three former service members, the first military sexual assault victims to testify before a Senate panel, described a pervasive culture of harassment and danger in which victims had little or not redress. (from The New York Times)

그 세 명의 전 군인들, 상원 패널들 앞에서 진술하게 된 첫 군 성폭행 희생자 들은 군에 만연되어 있는 폭행과 위험, 그리고 그 안에서 희생자들은 거의, 또는 전혀 보상받지 못하는 문화가 어떠한지를 말했다.

0387 suspect

[sʌ́spekt]
n 용의자

The suspects for the robbery were arrested today.
강도사건 용의자들이 오늘 체포되었다.

0388 fraud

[frɔːd]
n 사기(죄)

He was found guilty of fraud.
그는 사기를 쳐서 유죄가 인정되었다.

divert

[daivə́:rt]

ⓥ 유용하다, 우회시키다

It was an attempt to divert the public attention from social problems.
그것은 대중의 관심을 사회문제에서 돌리기 위한 시도였다.

earmark

[írma:rk]

ⓥ 배정하다, 예정하다

The federal government will earmark 50m euros (£43m) in direct aid to flood affected areas. *(from BBC)*
연방정부는 5천만 유로(4천 3백만 파운드)를 배정해서 홍수에 영향을 받은 지역에 직접적인 원조를 할 것이다.

CNN 21

The World Bank and a Chinese think tank will have a stern warning in store for China's government. Transition to a freer commercial system, or else face an impending economic crisis.

세계은행과 중국 두뇌 집단에서는 중국 정부를 향해서 엄중한 경고를 준비하게 될 겁니다. 보다 자유로운 상업적 시스템으로 변하라. 그렇지 않으면 곧 도래할 경제위기에 직면하게 된다.

0391 stern
[stə:rn]
ⓐ 엄중한, 심각한

His remarks have earned him stern rebukes from them.
그의 발언으로 인해서 그는 그들로부터 엄중한 질책을 받았다.

0392 have something in store
뭔가를 예비하다, 준비하다

He has a lot of things in store for us.
그는 우리들을 위해서 많은 것들을 준비하고 있다.

0393 transition
[trænzíʃən]
ⓥ 새로운 상태로 변하다

I think it was hard at first for my dad to transition to being immobile.
(from abc NEWS)
제 생각으로는 처음에 아버지께서는 자신이 전혀 움직이지 못하는 상태가 된 것이 정말 받아들이기 힘드셨을 겁니다.

0394 or else
그렇지 않으면

Hurry up or else you'll miss the flight.
서둘러, 그렇지 않으면 너 비행기 놓칠 거야.

0395

[feis]
v ~에 직면하다

Ecuador says Assange faces a threat of political persecution from the U.S.
(from abc NEWS)
에쿠아도르는 Assange가 미국으로부터의 정치적 박해 위협에 직면해 있다고 말합니다.

0396

[impéndiŋ]
a 임박한, 곧 닥칠

Impending straight-line wind storm could produce major damage.
(from NBC NEWS)
곧 닥칠 일직선 폭풍우가 심각한 피해를 일으킬 가능성이 있습니다.

CNN 22

At least 25 people have died after Typhoon Usagi slammed into the coast of southern China, state media reported Monday. Bringing strong winds and heavy rain, Usagi forced the relocation of hundreds of thousands of people, the cancellation of hundreds of flights and the closing of a major shipping lane.

적어도 25명이 죽었다. 태풍 우사기가 중국 남부해안을 강타한 것이다. 중국 관영 통신이 월요일에 보도한 내용이다. 강력한 바람과 폭우를 몰고 온 우사기로 인해서 수십만의 사람들이 이동했으며 수백의 비행기편이 취소되었고 주요 선박 항로들이 폐쇄되었다.

0397 slam into
~에 쾅 하고 충돌하다, ~을 강타하다

In 2012, another San Francisco bicyclist admitted a manslaughter charge after slamming into and killing a 67-year-old woman. *(from abc BBC)*

2012년에, 또 다른 샌프란시스코의 자전거 탄 사람은 67세 된 여성과 부딪혀서 세상을 떠나게 만든 후에 살인혐의를 시인했다.

0398 force
[fɔːrs]
ⓥ 강요하다, ~하게 하다

An individual can force Google to remove certain reputation-harming search results that are generated by Googling the individual's name. *(from New York Times)*

개인은 구글에게 누군가 자신의 이름을 구글을 통하여 검색하여 찾아낸, 자신의 이름에 흠이 가는 검색결과를 지워 달라고 요구할 수 있다.

0399 relocation
[riːloukéiʃən]
ⓝ 재배치

What do you think of the administrative capital relocation?

행정수도이전에 대해서 어떻게 생각하세요?

0400 cancellation
[kænsəléiʃən]
- n 취소

Overrunning engineering work has caused the cancellation of train services between Wiltshire and Berkshire.
(from BBC)
예정보다 길어지는 토목공사가 윌트셔와 버크셔 사이의 열차운행 취소를 초래했다.

0401 closing
[klóuziŋ]
- n 폐쇄

I couldn't understand the closing of the school.
난 그 학교가 폐쇄된 것을 이해할 수가 없었어.

0402 shipping lane
선박 항로

The collision took place in the busiest shipping lanes in the world.
그 충돌사고는 세계에서 가장 북적대는 선박항로에서 일어났다.

CNN 23

The firefighter who accidentally ran over and killed a 16-year-old girl who survived July's Asiana Airlines crash in San Francisco will not be charged. The decision comes more than two weeks after authorities completed their investigation into the incident.

7월에 있었던 샌프란시스코에서의 아시아나 항공 추락사고에서 살아난 16세된 여자아이를 뜻하지 않게 치어서 죽게 만든 소방관은 기소되지 않을 것이다. 그 결정은 관계당국에서 그 사고에 대한 조사를 마친 후 2주가 더 지난 시점에 내려진다.

0403 firefighter

[fáiərfaitər]

n. 소방관

Thousands of uniformed firefighters from across the country gathered for the funeral of a fallen FDNY lieutenant. *(from USA Today)*

전국에서 유니폼을 입은 수 천명의 소방관들이 사망한 뉴욕시 소방국 부국장의 장례식에 참석했다.

0404 run over

사람을 치다

Our children deserve neighborhood streets where they can run and play without fear that they will be run over by automobiles. *(from New York Times)*

우리 아이들에게는 자동차에 치일 두려움 없이 마음껏 뛰어 놀 수 있는 동네 거리가 있어야 마땅하다.

0405 survive

[sərváiv]

v. 생존하다, 살아남다

Investors create plans to survive inflation. *(from USA Today)*

투자자들이 인플레이션 극복을 위한 계획을 만든다.

0406

[keis]

n 사건

We are investigating two cases of suspected espionage. *(from USA Today)*
우리는 지금 미심쩍은 두 건의 간첩 행위를 조사하고 있습니다.

A day after 16 died in an accident at a concert in South Korea, a man responsible for safety measures was found also dead. It was an apparent suicide. On Friday, a ventilation grate gave way, and more than two dozen people standing on it plunged some 20 meters (66 feet) — or four stories —, a government accident response task force said. In addition to the deaths, eleven people were injured, three seriously.

대한민국에서 있었던 콘서트 사고로 16명이 사망한지 하루가 지나서 안전대책 책임자인 한 남자가 사망한 채로 발견되었다. 명백한 자살이었다. 금요일에 환풍기 쇠살대가 붕괴되면서 그 위에 서있던 20여명이 4층 높이인 20미터(66피트) 아래로 떨어졌다고 정부 사고대책 위원회에서 말했다. 16명의 사망에 더해서 11명이 부상을 당했고 그 중에 3명은 상태가 심각하다.

0407
ventilation
[vèntəléiʃən]
🄝 환풍기, 통풍

At least 16 people died when a grate over a ventilation shaft collapsed at an outdoor concert. *(from CNN)*
적어도 16명이 사망했다. 야외 콘서트 현장에서 환풍기 수직 통로를 덮고 있는 쇠살대가 붕괴된 것이었다.

0408
grate
[greit]
🄝 쇠살대

The windows are covered with iron grates.
창문은 쇠창살로 덮여 있다.

0409

task force

대책 위원회, 기동부대

Peter Staley, a prominent H.I.V. activist, was appointed just two weeks ago to be gubernatorial task force on H.I.V. *(from New York Times)*

유명한 H.I.V. 활동가인 피터 스텔리는 2주 전에 주지사의 H.I.V. 대책위원회에 임명되었다.

0410

give way

무너지다

The rain-soaked ground in Washington's Cascade Mountains offered little warning before it gave way. *(from CNN)*

워싱턴의 캐스캐이드산 안에 비로 완전히 젖은 땅은 별다른 조짐이나 경고도 없이 무너져 내렸다.

0411

in addition to

~에 더하여

In addition to the nine million-plus Syrians who have fled their three-year war, another 200,000 have escaped the ISIS onslaught in the last week alone. *(from CNN)*

그 동안 9백만명 이상의 시리아인이 3년간 지속되어 온 전쟁을 피해서 도망 나온 것에 더해서 지난 주에만 20만명이 ISIS의 맹습을 피해서 탈출했다.

0412

injure

[índʒər]

Ⓥ 사고로 부상을 입히다, 해치다

"Training on a treadmill helps regulate my stride a little bit more," Ms. Schuler said, "and it also makes me a little less likely to injure myself." *(from New York Times)*

러닝 머신 위에서의 훈련은 제 걸음의 속도를 조절하는 데 좀 더 도움이 됩니다," 슐러 여사의 말이다. "그리고 또한 부상을 입을 가능성을 낮추어 줍니다."

voca
TEST

 다음 보기 중 빈칸에 맞는 단어를 찾아 쓰시오.

> 보기 plunged violent stern resolute torrential defiance
>   undocumented conflict coherent escalated

1. Russian police detained more than 300 people after protests over a recent stabbing death turned _____.

2. The World Bank and a Chinese think tank will have a _____ warning in store for China's government.

3. Shares of BlackBerry _____ 20% when trading resumed.

4. "Gary is alert, _____ and in good spirits," the team said in a statement.

5. The Nobel Peace Prize has turned the global spotlight back on the _____ in Syria.

6. The incident _____ from an objection to cell phone use, to a series of arguments, to the sudden and deadly shooting.

7. He is accused of raping more than 20 women, many of whom are Spanish-speaking, _____ immigrants.

8. We took the _____ measure of removing the factionalists lurking in the Party.

9. Their stories involve strong addictions, passionate _____.

10. _____ rains washed long-buried landmines onto a heavily traveled highway.

정답: 1. violent 2. stern 3. plunged 4. coherent 5. conflict 6. escalated 7. undocumented 8. resolute 9. defiance 10. torrential

다음 단어에 해당하는 뜻을 찾아 선을 그으시오.

1. severe
2. prospect
3. amicable
4. dispatch
5. custody
6. slash
7. accuse
8. allege
9. fraud
10. monitor

❶ feeling friendly towards each other and not wanting to quarrel
❷ the state of being in prison
❸ very bad or very serious
❹ to cut or try to cut something violently with a knife, sword
❺ the possibility that something will happen
❻ to say that something is true or that someone has done something wrong, although it has not been proved
❼ the crime of deceiving people in order to gain something such as money or goods
❽ to carefully watch and check a situation in order to see how it changes over a period of time
❾ to send someone or something somewhere for a particular purpose
❿ to say that you believe someone is guilty of a crime or of doing something bad

International New York Times

Tuesday, October 7, 2014 · Today's Paper · Video · Weather

World | U.S. | Politics | New York | Business | Opinion | Technology | Science | Health | Sports | Arts | Style | Dining | Home | Travel | Magazine | Real Estate | ALL

GLOBAL COVERAGE THAT GOES EVERYWHERE YOU DO. 99¢ FOR 12 WEEKS — GET IT NOW >

U.S. Frustrated Over Turkish Inaction on ISIS Advance

9:30 PM ET

As fighters with ISIS bore down Tuesday on the Turkish border, President Obama's plan to fight the militant group without being drawn deeper into the Syrian civil war was coming under acute strain.

- 681 Comments
- ISIS and Kurds Battle Over Syrian Town
- Video: Fighting Rages in Syrian Border Town

NEWS FROM CAIRO
As Egyptians Grasp for Stability, Sisi Fortifies Presidency

9:30 PM ET

A speech to the United Nations General Assembly burnished President Abdel Fattah el-Sisi's image at home, where the former general builds power on Egyptians' desire to avoid the chaos nearby.

Eurozone Leaders Push Back on Austerity Measures

9:30 PM ET

With new signs of economic trouble emerging, Germany's insistence on budget austerity has been met with open revolt from Europe's leaders who say the measures are too rigid.

Kurds in Suruc, Turkey, on Tuesday watching the fighting across the border in Kobani, Syria. There have been 12 airstrikes there.

Investigators in Syria Seek Evidence to Prove War Crimes
7:33 PM ET

Several governments are financing investigators to search for papers to establish liability in any future war crimes trials.

'Hong Kong People' and a Fading Identity

Many who celebrated the return to Chinese rule say they would rather identify with their city than with their nation.

- 94 Comments
- Hong Kong Officials and Protesters Agree to Talk

U.S. Officials Vow Extra Ebola Screening at Airports
8:01 PM ET

Passengers could have their temperature checked or be subject to detailed questioning, but U.S. health officials cautioned against more draconian measures like travel bans.

Spain is Pressed for Answers After Nurse Gets Ebola

The nurse's husband and two other people were quarantined, and monitoring was extended to go other people.
- Ebola Patient in Dallas on Ventilator, Officials Say
- Q. and A: How Many Cases Outside of West Africa?

MORE NEWS
- Nobel Prize in Physics for Energy-Saving Light Source
- Ukrainians Take Russians' Place in Exchange Program 9:04 PM ET
- Study Finds Underreporting of Dengue in India

ON THE BLOGS
- ArtsBeat: More Paris Museums Turn to Crowd-Funding

TIMES VIDEO | More Video »

MULTIMEDIA
HP Bets That Smaller Is Better

With Hewlett-Packard splitting into two companies, a look at recent examples where the strategy worked out well and where it did not.

The Opinion Pages

OP-ED CONTRIBUTOR
Sore Losers Spite Indonesia's Democracy

Although Indonesians are losing democratic rights, it is happening through democratic procedures.

- Op-Ed: Ukraine's Own Worst Enemy
- Room for Debate: Expanding the Right to Die

China Punishes a Scholar
A ridiculous life sentence for defending the persecuted Uighurs.

- Cohen: The Community of Expulsion
- Nocera: 'Moment of Truth' on Emissions
- Maja-Pearce: Changing Nigeria's Cruel Police Culture
- Op-Ed: Russia's Unwelcome Citizens

GLOBAL COVERAGE THAT GOES EVERYWHERE YOU DO
JUST 99¢ FOR 12 WEEKS — GET IT NOW »

Watching

This is Watching, a new feature that highlights developing news from around the web. Send your feedback.

> "There's no point in importing troublemakers from overseas to stir people up."

Somalia's first A.T.M. opened in an upscale hotel in the capital, Mogadishu. It dispenses U.S. dollars because most businesses avoid Somalia's weak currency, the shilling.
SEE ITEM >

At an auction of memorabilia once owned by Waylon Jennings, the country singer, a motorcycle of Buddy Holly's fetched $450,000. Willie Nelson's braids? $37,000.

Send Feedback

MARKETS »
	Japan	China
	15,558.25	23,263.37	2,354.81
	−187.85	−138.05	+1.34
	−1.19%	−0.59%	+0.06%
% Gain Losses		% Both Up

ENTER THE KITCHEN

READER COMMENTS »
Fighting Rages in Syrian Border Town

"I fully see why Turkey hesitates to engage ISIL, especially when the Western governments, from their comfortable distance, seem so eager to do absolutely nothing about the three-year-long humanitarian crisis," writes Burak in Turkey.

- 665 Comments

"Turkey is playing some kind of realpolitik, where they secretly root for ISIS, while they talk as if they were

The New York Times
news voca master

03

0413~0634

President Obama, speaking at a forum aimed at promoting jobs and other economic opportunities for women, conceded the employment situation needed improvement.

No issue is more important than restoring economic security for all our families in the wake of the greatest economic crisis since the Great Depression.

오바마 대통령은 직업은 물론 여성들을 위한 다른 경제기회를 촉진시키기 위한 목적으로 열린 포럼에서 연설을 통하여 현재의 고용상황이 호전될 필요가 있음을 인정했다. 그 어떤 문제도 우리 미국의 모든 가정을 위해 경제 안보를 회복시키는 일만큼 중요할 수는 없습니다. 이는 경제 대공황이래로 최대의 경제위기를 겪은 결과로 생긴 일입니다.

0413

forum

[fɔ́:rəm]

ⓝ 포럼, 토론회

The new national forum on the environment will be held next week.
환경문제를 다루는 새로운 전국 토론회가 다음주에 개최될 것이다.

0414

be aimed at

~을 목표하다

The laws are aimed at reducing road accidents.
그 법률들은 도로사고를 줄이는 것에 목표를 둔 것들이다.

0415

promote

[prəmóut]

ⓥ 촉진시키다

They got together to promote trade between the two countries.
그들은 두 나라 사이의 무역을 촉진시키기 위해서 모였다.

0416 **opportunity**
[àpərtjú:nəti]
 기회

Opportunity makes your future.
기회가 당신의 미래를 만듭니다.

0417 **concede**
[kənsí:d]
ⓥ 인정하다, 수긍하다

Opponents of same-sex marriage in Washington State have conceded. *(from New York Times)*
워싱턴 주의 동성결혼 반대자들은 결국 수긍했다.

0418 **issue**
[íʃu:]
 문제, 쟁점, 사안

This week, Apple rushed out a patch for its iOS 7 and iOS 6 operating systems to fix a serious security issue. *(from New York Times)*
이번 주에 애플은 서둘러서 iOS 7과 iOS 6 운영체제 패치를 만들었다. 심각한 보안상의 문제를 해결하기 위해서였다.

0419 **restore**
[ristɔ́:r]
ⓥ 회복시키다, 복원하다

The government promised to restore the economy to full strength.
정부는 경제를 완전히 회복시키겠노라고 약속했다.

0420 **economic**
[èkənámik, ì:kə-]
 경제의

The moves underscore China's rising economic clout. *(from New York Times)*
그런 움직임들은 중국의 상승하는 경제적 영향력을 강조하는 것이다.

0421 **security**
[sikjúərəti]
 안보, 보안

It is a threat to national security.
그것은 국가안보를 위협하는 것이다.

0422 **in the wake of**
~에 뒤이어, ~의 결과로

An investigation followed in the wake of the scandal.
스캔들의 결과로 조사가 뒤이어졌다.

0423 **crisis**
[kráisis]
 위기

Mr. Putin said he hoped the crisis would be resolved through dialogue. *(from BBC)*
푸틴은 그 위기가 대화를 통해서 잘 해결되기를 희망한다고 말했다.

0424 **depression**
[dipréʃən]
 불경기, 불황, 우울증

Carlos Andres Perez was elected president in 1989 against the background of economic depression. *(from BBC)*
카를로스 안드레 페레즈는 1989년에 경제불황을 배경으로 대통령으로 선출되었다.

Wall Street has rallied in the first three months of this year, and the brighter job numbers had added to improvements in consumer sentiment and the outlook for the economy.

Still, many economists caution that there are headwinds as oil prices rise, putting a possible damper on consumer behavior just as it is showing signs of life.

월스트리트가 올해 첫 3개월 동안 회복된데다 한층 밝아진 직업 개수가 소비심리와 경제전망의 호전에 가세했다. 여전히, 많은 경제학자들은 경고한다. 유가상승 같은 역풍이 존재함으로 그것이 이제 막 소생의 기미를 보이는 소비자행동의 기세를 꺾을 가능성이 있다는 것이다.

0425

rally

[rǽli]

 회복되다

After a shaky start, he rallied and won the game.
불안한 출발을 보인 후에 그는 기운을 차리고 그 시합에서 승리를 거두었다.

0426

add to

~을 늘리다, 증가시키다

This show will add to his growing reputation.
이 쇼가 그의 점점 커지는 명성에 더욱 탄력을 주게 될 것이다.

0427

improvement

[imprú:vmənt]

 향상, 개선

Google Maps is still the gold standard for maps. It also has improvements that keep it well ahead of Apple in terms of features. *(from New York Times)*
구글 맵은 맵에 있어서는 여전히 표준이 되고 있다. 구글 맵은 또한 기능 향상을 통해서 특징 면에서 애플을 훨씬 능가하고 있다.

0428
sentiment
[séntəmənt]
n 정서, 감정, 생각

Consumer sentiment unexpectedly dipped in November. *(from New York Times)*
소비자심리가 11월에 갑자기 떨어졌다.

0429
outlook
[áutluk]
n 전망

The financial outlook for Medicare has improved because of a stronger economy and slower growth in health spending. *(from New York Times)*
노인 의료보험제도(Medicare)를 위한 재정전망은 향상되었다. 그 이유는 전보다 좋아진 경제, 그리고 의료비부담의 증가가 둔화된 때문이었다.

0430
caution
[kɔ́ːʃən]
v 주의를 주다, 경고하다

They are cautioning against hasty action.
그들은 성급한 조치를 하지 않도록 경고하고 있다.

0431
headwind
[hédwind]
n 맞바람, 역풍

That's a major headwind when you're running for president. *(from New York Times)*
그게 바로 대통령에 출마할 때 생기는 주요 역풍이다.

0432
rise
[raiz]
v 오르다, 상승하다

If I exercise too much, my body temperature will rise.
나는 운동을 너무 많이 하면 체온이 상승할 거야.

0433
put a damper on
~의 기세를 꺾다, ~을 위축시키다

Nagging liquidity questions put a damper on Trans World Airlines' stock. *(from New York Times)*
계속되는 자산 유동성 문제가 T.W.A. 주식을 위축시켰다.

NYT 03

Fed officials are particularly concerned about the recent rate of job growth, according to an account given of the central bank's minutes from its last meeting. The minutes suggested that the prospect for any new measures, like asset purchases to stimulate growth, was fading.

연방준비이사회에서는 특히 최근의 직업 성장률에 우려를 표하고 있다. 중앙은행의 최근 회의에서 나온 회의록에 대한 기술에 따르면 그렇다. 회의록이 시사하는 바에 따르면 새로운 조치들, 예를 들어 성장을 자극하기 위한 자산매입 같은 조치들에 대한 전망은 점점 어두워지고 있다.

0434

be concerned about

~에 대해서 우려하다

Bankers and business leaders are concerned about the debt limit. *(from New York Times)*

은행 간부들과 비즈니스 지도자들은 채무한도에 대해서 우려하고 있다.

0435

recent

[rí:snt]

ⓐ 최근의

The recent erratic behavior of Shia LaBeouf, the 27-year-old actor best known as the star of the "Transformers" movies, has sent the press into a feeding frenzy. *(from New York Times)*

영화 트랜스포머의 주인공으로 잘 알려진 27세 배우 Shia LaBeouf는 최근 엉뚱한 행위로 기자들이 앞다투어 몰려들게 만들었다.

0436
[reit]
Ⓝ 비율, ~율

How can you explain the rapid increase in the divorce rate?
이혼율이 급증하는 것을 자네는 어떻게 설명할 수 있겠는가?

0437
[əkáunt]
Ⓝ 설명, 기술

Nobody could give an account of what had happened.
그 누구도 발생한 일에 대한 설명을 제대로 할 수가 없었다.

0438
[mínits]
Ⓝ 회의록, 의사록

Nobody has seen the minutes of last month's meeting.
지난 달 회의록을 아무도 보지 않았다.

0439
[læst]
Ⓐ 가장 최근의, 지난

Interest in golf has grown rapidly in the last ten years.
골프에 대한 관심은 최근 10년 사이에 급속도로 늘어났다.

0440
[práspekt, prɔs-]
Ⓝ 가능성, 예상, 전망

I see no prospect of things improving here.
여기 상황이 좋아질 가능성이 보이지 않는다.

0441
[méʒər]
Ⓝ 조치, 정책

Measures should be taken right now.
조치가 지금 당장 취해져야 합니다.

0442

asset

[ǽset]
- n 자산, 재산

When we talk about wealth, we're referring to everything you can claim as an asset, including savings accounts, your home and all your investments.
(from New York Times)

우리는 재산에 대해서 말할 때, 자산이라 말할 수 있는 모든 것들을 언급한다. 여기에는 보통예금, 집, 그리고 모든 투자가 포함된다.

0443

purchase

[pə́:rtʃəs]
- n 구매, 구입

You need a receipt as proof of purchase.
구매 증거로 영수증이 필요합니다.

0444

stimulate

[stímjulèit]
- v 자극하다, 활발하게 하다

His plan is going to stimulate economic growth.
그의 계획이 앞으로 경제성장을 활발하게 할 것이다.

0445

fade

[feid]
- v 희미해지다, 서서히 사라지다

In past generations, pianos were as central to family entertainment as televisions are today, but that tradition fades further into oblivion.
(from New York Times)

과거 세대에는 피아노가 지금의 TV처럼 가족용 오락의 중심이었다. 그러나 그 전통은 망각 속으로 점점 더 사라지고 있다.

Unemployment has been a **focus** of the presidential election campaign, and signs of **sustained** improvement could work **in** President Obama's **favor**. We should not **attach** too much **significance** to one month's numbers, especially **in light of** overall positive trends.

실업률은 그 동안 대통령 선거 캠페인의 초점이었다. 그래서 실업률이 지속적으로 좋아지고 있는 신호는 오바마 대통령에게는 유리하게 작용할 수 있었다. 우리는 한 달의 수치에 너무 큰 의미를 부여하지 말아야 한다. 특히 전체적인 긍정적 추세를 고려해볼 때 더욱 그러하다.

0446

unemployment
[ʌnimplɔ́imənt]
ⓝ 실업, 실업률

There is high unemployment in the country.
그 나라에는 실업률이 높다.

0447

focus
[fóukəs]
ⓝ 초점, 주목

Obama says focus must be on stopping Ebola "at source".
(from New York Times)
오바마는 에볼라를 원천봉쇄 하는 데 초점이 맞추어져야 된다고 말한다.

0448

sustained
[səstéind]
ⓐ 한결 같은, 지속된

Kevin Vickers received sustained applause in Canada's parliament.
(from New York Times)
케빈 비커즈는 캐나다 국회에서 박수를 끝없이 받았다.

0449

in one's favor
~에게 유리하게

The rules should actually work in your favor.
그 규칙들은 실제로 너한테 유리하게 작용할 거야.

0450
attach
[ətǽtʃ]
v 붙이다, 첨부하다, 부여하다

An Egyptian military official died when a bomb attached to his car exploded. *(from CNN)*
한 이집트 군 고위관리가 자신의 차에 부착된 폭탄이 터지면서 죽었다.

0451
significance
[signífikəns]
 중요성, 중대성, 의의

What's the significance of the removal of a German bishop from his post? *(from CNN)*
독일 주교를 직책에서 제거하는 것의 의의는 무엇일까?

0452
in light of
~에 비추어, ~을 고려하여

In light of the tragic event, they canceled the celebrations.
그 비극적인 사건을 고려하여 그들은 기념행사들을 취소했다.

0453
overall
[òuvərɔ́:l]
a 전반적인, 전체의, 종합적인

He described Obama's overall health as "excellent." *(from CNN)*
그는 오바마의 종합적인 건강상태를 "아주 훌륭하다"고 말했다.

0454
positive
[pázətiv]
a 긍정적인

Its effect on language was almost paradoxically positive. *(from CNN)*
그것이 언어에 미친 영향은 역설적으로 들릴지 모르겠지만 긍정적이었다.

0455
trend
[trend]
n 추세, 동향

For example, the fisherman's beard is a trend, but it will go out of fashion. *(from New York Times)*
예를 들어, 그 어부의 수염은 하나의 추세이다. 하지만 아마도 그 유행은 사라질 것이다.

NYT 05

Two years ago, Mike Otworth's 10-year-old chow, Tina, was given a diagnosis of lymphoma. The prospects were grim. Lymphoma can be put into remission through chemotherapy, but tumors almost inevitably reappear within a year, and death quickly follows.

2년 전, 마이크 오트워쓰의 10살 된 중국산 개 티나는 림프종 진단을 받았다. 살아날 전망은 암울했다. 림프종은 화학요법을 통해서 차도가 있을 수는 있는데 종양은 불가피하게 1년 내에 다시 생기고 급속도로 죽음에 이르게 된다.

0456

diagnosis

[dàiəgnóusis]

ⓝ 진단

An exact diagnosis can only be made by obtaining a blood sample.
정확한 진단은 혈액 체취를 통해서만 가능할 수 있다.

0457

lymphoma

[limfóumə]

ⓝ 림프종

The infection increased the risk of lymphoma.
그 감염이 림프종의 위험을 높였다.

0458

grim

[grim]

ⓐ 아주 심각한, 암울한, 엄숙한

In April, things looked grim as the National Capital Planning Commission demanded some significant changes as the price of approval. *(from New York Times)*
4월에는 상황이 암울해 보였다. 국민자본기획위원회가 승인의 대가로 중요한 변화를 요구했기 때문이었다.

0459 remission
[rimíʃən]
- n 심각한 병이 잠깐 호전되는 기간

Using certain anticancer drugs for years at a time can help keep some types of cancer in remission longer. *(from New York Times)*
특정한 항암 약을 한 번에 여러 해 동안 사용함으로써 암의 몇 가지 형태에서 더 길게 차도를 볼 수는 있다.

0460 chemotherapy
[kèməθérəpi]
- n 암에 대한 화학 요법

She's undergoing chemotherapy.
그녀는 화학요법치료를 받고 있는 중이다.

0461 tumor
[tjú:mər]
- n 종양

He died from a brain tumor. *(from CNN)*
그는 뇌종양으로 죽었다.

0462 inevitably
[inévitəbli]
- ad 필연적으로, 예상한 대로

He will inevitably come under another kind of scrutiny. *(from CNN)*
그는 필연적으로 또 한번의 철저한 조사를 받게 될 것이다.

0463 reappear
[rì:əpíər]
- v 다시 나타나다

Her cancer reappeared.
그녀의 암세포가 다시 나타났다.

0464 follow
[fálou]
- v 뒤를 따라가다[오다]

We signed the agreement and they are expected to follow shortly.
우리는 그 합의서에 서명을 했고 그들이 곧 뒤를 이을 거라고 예상된다.

NYT 06

After a veterinarian near his home administered chemotherapy to Tina, Mr. Otworth drove her to North Carolina State University, where she became one of the first dogs to receive a bone-marrow transplant.  After two weeks of painless treatment, and a $15,000 bill, Tina returned to Florida, unsteady on her feet but cancer-free.

집 근처에서 수의사가 티나에게 화학요법을 치료한 후 오트워스씨는 티나를 태우고 노스캐롤라이나 주립대학으로 갔다. 그곳에서 티나는 골수이식을 받은 최초의 개가 되었다. 2주 동안 통증 없는 치료를 받고 15,000달러의 치료비를 지불한 후에 티나는 플로리다로 돌아왔다. 서있기도 불안하고 휘청거리는 상태였지만 암에서는 해방된 상태였다.

0465 veterinarian
[vètərənέəriən]
 n 수의사

How long has he been a practicing veterinarian?
그가 수의사업을 개업한지 얼마나 됐어?

0466 near
[niər]
prep ~에서 가까이

An enigmatic man in black has been spotted wading near the craft.
까만 옷을 입은 수수께끼 같은 한 남자가 그 배 가까이에서 물살을 헤치며 힘겹게 걷고 있는 모습이 포착되었다.

0467 administer
[ədmínistər]
 v 약을 투여하다, 집행하다, 관리하다

They administered powerful painkillers to conceal injuries. *(from CNN)*
그들은 부상을 숨기기 위해서 강력한 진통제를 투여했다.

0468 bone-marrow
[bóunmǽrou]
ⓝ 골수

He couldn't find a bone marrow match.
그는 자기에게 맞는 골수를 찾을 수 없었다.

0469 transplant
[trǽnzplænt]
ⓝ 이식

The kids can now receive lung transplants. *(from CNN)*
그 아이들은 이제 폐 이식을 받을 수 있게 되었다.

0470 painless
[péinlis]
ⓐ 고통 없는, 아프지 않은, 힘들지 않은

It wasn't totally painless. *(from CNN)*
그게 전혀 힘들지 않았던 것은 아니었다.

0471 treatment
[trí:tmənt]
ⓝ 치료

They languished for years without proper treatment. *(from CNN)*
그들은 적절한 치료를 받지 못한 상태로 수년을 고생했다.

0472 return
[ritə́:rn]
ⓥ 돌아오다

For years, Mr. Bloomberg had insisted that he had no intention of returning full time to the company he founded.
(from New York Times)
오랫동안 블룸버그는 자신이 만든 회사로 완전히 돌아갈 의사는 없다고 주장했었다.

0473 unsteady
[ʌnstédi]
ⓐ 동작이 불안정한, 휘청거리는

An unsteady economy has led California residents to buy personal safes. *(from CNN)*
불안정한 경제로 인해서 캘리포니아 주민들은 개인금고를 샀다.

0474

cancer-free

[kǽnsərfriː]

ⓐ 암이 없는, 암에서 해방된

Good news is that the skin tissue is cancer-free but the worst news is that his mind is not free of dirt. *(from New York Times)*
좋은 소식은 피부조직이 암에서 자유롭다는 것이지만 최악의 소식은 그의 머리는 더러운 생각으로부터 자유롭지 못하다는 것이다.

NYT 07

Older pets like Tina are benefiting from advances in veterinary medicine that have accelerated in the past two to three years. They are raising not only the hopes of pet owners but also tough new questions about extending or saving an animal's life, and how much to spend in doing so.

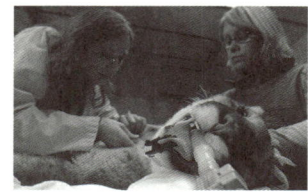

티나같이 나이든 애완동물들은 지난 2, 3년 동안 가속화된 수의학의 발전을 통해서 혜택을 받고 있다. 그것들은 애완동물 소유자들의 희망을 높여주는 것뿐 아니라 새로운 힘든 문제를 던져주고 있다. 과연 동물의 수명을 연장시키거나 목숨을 지켜줘야 하는 것이냐, 또한 그렇게 하기 위해서 돈을 얼마나 써야 되는 것이냐는 문제이다.

0475

benefit

[bénəfit]

ⓥ 득을 보다

They have benefited from IVF treatment. *(from CNN)*

그들은 체외수정(In Vitro Fertilization) 치료의 혜택을 받았다.

0476

advance

[ædvǽns]

ⓝ 진전, 발전

That is one of the great technological advances of the 20th century. *(from CNN)*

그것은 20세기의 위대한 과학기술 발전 중의 하나이다.

0477

veterinary

[vétərənèri]

ⓐ 수의과의

Nudged by a father who trained racehorses, Dr. Orlando Garza set off to study veterinary medicine in College Station 35 years ago. *(from New York Times)*

경주마를 훈련시켰던 아버지에 떠밀려서 올랜도 가자 박사는 35년 전에 College Station에서 수의학을 공부하기 시작했다.

0478 accelerate

[æksélərèit]

v 가속화되다, 가속화시키다

VA is taking action to accelerate access to care. *(from CNN)*

재향군인국(Veterans Administration)에서는 군인들의 의료 접근성을 가속화시키기 위한 조치를 취하고 있다.

0479 raise

[reiz]

v 올리다, 높이다

If the floor of low-wage jobs is raised, more people will find such jobs attractive. *(from New York Times)*

만일 저임금 직업의 바닥이 상승되면 더 많은 사람들이 그런 일들을 매력적으로 받아들이게 될 것이다.

0480 tough

[tʌf]

a 힘든, 어려운

As a business traveler, it's tough to keep up with what's going on at home. *(from CNN)*

일 때문에 출장이 잦은 사람의 입장에서 집에서 무슨 일이 일어나고 있는지를 계속 알고 지내기가 여간 힘든 게 아니다.

0481 extend

[iksténd]

v 연장하다, 더 길게 만들다, 확장하다

He explains how eating less meat can extend your life. *(from CNN)*

그는 고기를 적게 먹는 것이 어떻게 생명을 연장시켜줄 수 있는가를 설명한다.

0482 save

[seiv]

v 구하다

Pinpoint accuracy could save civilian lives. *(from New York Times)*

한치의 오차도 없는 정확도로 인해서 민간인의 생명을 구할 수 있었다.

Many veterinarians offer hospice care, too, mapping out a treatment plan that lets a pet spend the remainder of its life at home. Improved veterinary care for all pets has increased consumer spending to $13.4 billion last year from $9.2 billion in 2006.

많은 수의사들은 말기환자에 대한 보호치료도 제공해주며 치료계획을 아주 상세히 준비해서 애완동물이 나머지 삶을 집에서 보낼 수 있도록 해주고 있다. 모든 애완용 동물들을 위한 개선된 수의과 치료는 소비자 지출을 상승시켰다. 2006년 92억 달러에서 작년에는 134억 달러까지 상승시킨 것이다.

0483 offer
[ɔ́:fər]
v 제공하다

We offer the highest salary in the country.
우리는 전국에서 가장 높은 급여를 줍니다.

0484 hospice care
말기 환자에 대한 보호치료

He has been under hospice care for the past few months.
그는 지난 몇 년 동안 말기 환자 보호치료를 받아왔다.

0485 map out
세심하게 계획하다, 준비하다

The president's advisers map out the next two years. *(from New York Times)*
대통령자문위원들은 향후 2년간의 계획을 세심하게 짜고 있다.

0486 remainder
[riméindər]
n 나머지

The remainder must be paid by next month.
나머지는 다음 달까지 지불되어야 한다.

0487
[inkríːs]
v 증가시키다, 상승시키다

Even occasional smoking increases your risk of developing lung cancer.
가끔 하는 흡연도 폐암 발생의 위험을 증가시킨다.

0488
[kənsúːmər]
n 소비자

3D printers are now accessible to the average consumer. *(from CNN)*
3D 프린터가 이제 일반고객들이 이용 가능하다.

0489
[spéndiŋ]
n 지출

They are increasing public spending.
그들은 지금 공공지출을 늘리고 있다.

NYT 09

Pet insurance rarely comes to the rescue, since less than 3 percent of Americans carry it, according to the American Animal Hospital Association.

He wrestled with the tough questions that pet owners face in deciding whether to go ahead with late-life treatment.

애완동물 보험은 거의 도움이 되지 않는다. 미국인의 3퍼센트 미만만 그 보험에 들고 있기 때문이다. 미국 동물병원협회에 따르면 그렇다. 그는 힘든 문제들을 어떻게 해결해야 될지 고심했다. 애완동물 주인들이 직면해 있는, 노후 치료를 계속 시킬 것인지 말 것인지를 결정하는 문제이다.

0490

insurance

[inʃúərəns]

ⓝ 보험

Americans could find the new insurance rates for the Affordable Care Act in online marketplaces last week.
(from New York Times)
미국인들은 지난 주에 온라인 장터에서 부담적정보험법을 위한 새로운 보험료를 찾을 수 있었다.

0491

rarely

[réərli]

ad 거의 ~이 아닌, 좀처럼 ~하지 않는

College counselors say cost is rarely an inhibiting factor. *(from New York Times)*
대학 카운슬러들은 비용이 거의 저해요소는 아니라고 말한다.

0492

rescue

[réskju:]

ⓝ 구출, 구조

He came to the rescue and sent her the money.
그가 구원자가 되어서 그녀에게 그 돈을 보내줬다.

0493

~에 따르면

Just 40% of Americans know which political party controls the Senate and the House of Representatives, according to a national poll. *(from CNN)*
미국인의 40%만 알고 있는 사실은 어느 정당이 상원과 하원을 통제하고 있느냐는 것이다. 전국 여론조사에 따르면 그렇다.

0494

[résl]
n 씨름하다

Brazil wrestles with crack epidemic as it gears up for World Cup. *(from CNN)*
브라질은 월드컵을 준비하면서 마약의 급속한 확산문제로 고심하고 있다.

0495

[feis]
v 직면하다, 직시하다, 받아들이다

They have faced relentless barrage of criticism. *(from New York Times)*
그들은 그 동안 끊이지 않는 비난세례에 부딪혀 왔다.

0496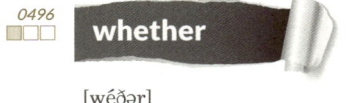

[wéðər]
conj ~인지 아닌지

How should I decide whether to rent or buy a textbook? *(from New York Times)*
교과서를 빌려야 할지 아니면 사야 할지를 어떻게 결정해야 되는 걸까?

0497

준비된 것을 시작하다, 밀고 나가다

It's time for us to go ahead with the plans.
우리가 그 계획을 실천에 옮길 시간이다.

NYT 10

After studies showing that the highest rates of physical and sexual assault happen to women ages 16 to 24, programs to prevent abusive relationships have concentrated on high school and college students.
The most recent government report stated that nearly one in 10 high school students said they had been physically hurt by a boyfriend or girlfriend.

연구를 통해서 육체적, 성적폭행의 가장 높은 비율이 16세에서 24세까지의 여성들에게 일어나고 있다는 사실이 발표된 이후, 폭력관계를 막기 위한 프로그램이 고등학생과 대학생에게 집중되고 있다.

가장 최근 정부보고서에 명시된 바에 의하면 10명의 고등학생들 중 거의 한 명 꼴로 자신들은 남자친구나 여자친구로부터 육체적인 폭행을 당한 적이 있었다고 말했다.

0498
physical
[fízikəl]
ⓐ 육체적인

We need to take care of our mental and physical health.
우리는 정신건강과 육체건강 모두에 신경을 써야 돼.

0499
assault
[əsɔ́ːlt]
ⓝ 폭행, 공격

In response to accusations of sexual assault against Bill Cosby, his lawyer released a statement. (from New York Times)
빌 코스비를 상대로 한 성폭력 혐의에 대응하여 그의 변호사는 성명을 발표했다.

0500
prevent
[privént]
ⓥ 막다, 방지하다

Prevent your foot from sliding off the pedal.
발이 페달에서 미끄러지지 않도록 해라.

0501 **abusive**
[əbjúːsiv]
ⓐ 폭력적인, 학대하는

He became abusive and his wife was injured.
그는 폭력을 행사했고 그의 아내는 부상을 입었다.

0502 **concentrate**
[kánsəntrèit]
ⓥ 집중하다

He was a high-school golfer who was recruited to play in college, though he decided to concentrate on academics. *(from New York Times)*
그는 고등학교 골프선수였는데 특기생으로 대학에 뽑혔다. 그러나 그는 학업에 전념하기로 결정했다.

0503 **recent**
[ríːsnt]
ⓐ 최근의

How do they explain the recent development in that field?
그들은 그 분야에서의 최근 발전을 어떻게 설명하고 있는가?

0504 **state**
[steit]
ⓥ 명시하다, 말하다, 쓰다

You need to state your policy.
네 정책을 말해줄 필요가 있어.

0505 **nearly**
[níərli]
ad 거의

Nearly 50 boys at a boarding school were killed in the bombing, and suspicion focused on the Boko Haram militant group. *(from New York Times)*
기숙학교에 있던 거의 50명의 소년이 폭격으로 사망했으며 의혹은 보코하람 민병대원들에게 집중되었다.

hurt

[hə:rt]

Ⓥ 다치게 하다

"I don't know," Georgia Coach Mark Richt said when asked about Gurley's injury. "I'm just as curious as everyone else. He hurt his knee." *(from New York Times)*

"저도 모르겠습니다," 조지아의 코치 마크 리흐트는 걸리의 부상에 대해서 질문을 받았을 때 말했다. "저도 다른 모든 분들과 마찬가지로 궁금합니다. 걸리는 무릎을 다쳤어요."

NYT 11

Now a diverse group is trying to forestall dating violence by addressing even younger students: middle schoolers. The goal is to educate them about relationships before they start dating in earnest, even though research shows that some seventh graders have already experienced physical and emotional harm while dating.

지금 다양한 그룹이 데이트폭력을 미연에 방지하기 위해서 노력하고 있다. 더 어린 학생들, 즉 중학생들에게까지 직접 그 위험성에 대해서 말해주고 있는 것이다. 목표는 그들이 본격적으로 데이트를 시작하기 전에 남녀관계에 대해서 교육을 시키고자 하는 것이다. 사실 연구에 따르면 중학교 1학년 학생들 중에는 데이트 도중에 이미 육체적, 감정적 피해를 경험한 학생들이 많이 있었다.

---

diverse
[divə́ːrs]
ⓐ 다양한

The result is that the electorate will probably be as diverse as it was in 2012.
(from New York Times)
결과적으로 유권자들은 아마도 2012에 그랬던 것처럼 (층이나 인종 면에서) 다양할 것 같다.

---

forestall
[fɔːrstɔ́ːl]
ⓥ 미연에 방지하다

We need to take some measures to forestall further attacks.
우리는 계속된 공격을 미연에 방지할 조치를 취해야 한다.

---

violence
[váiələns]
ⓝ 폭력, 폭행

He has never quite bought the notion that violence in fiction leads to violence in real life. *(from New York Times)*
그는 그 동안 허구 속 폭력이 실제생활에서의 폭력으로 이어진다는 생각에 절대적으로 동의한 적이 한 번도 없었다.

0510 address

[ədrés]

ⓥ 말을 하다, 연설하다

U.S. President Barack Obama phoned his Mexican counterpart to address the alarming trend of unaccompanied children entering the United States through Mexico. *(from CNN)*
미국 대통령 바락 오바마는 멕시코 대통령에게 전화를 걸어서 부모동반 없이 혼자서 멕시코를 통해 미국으로 들어오는 어린아이들의 경향에 대해서 걱정스럽게 말했다.

0511 schooler

[skúːlər]

ⓝ ~의 학생

She is a high schooler who survives an airport terrorist attack.
(from New York Times)
그녀는 공항 테러공격에서 살아남은 고등학교학생이다.

0512 educate

[édʒukèit]

ⓥ 교육하다, 가르치다

Why not share the obligation to educate these new arrivals? *(from New York Times)*
새로 이주해온 이 사람들을 교육시키는 의무를 왜 다같이 공유하지 않는 걸까?

0513 in earnest

본격적으로

The class begins in earnest on Tuesday.
그 수업은 화요일에 본격적으로 시작된다.

0514 even though

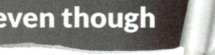

비록 ~일지라도

I can still remember, even though it was so long ago.
나는 아직도 기억해. 비록 그게 아주 오래 전 일이었지만 말이야.

0515 research

[risə́ːrtʃ, ríːsəːrtʃ]

ⓝ 연구, 조사

Tell me the recent research on that.
그것에 대한 최근 조사를 나한테 좀 말해 줘봐.

0516

experience

[ikspíəriəns]

v 경험하다

Obamas: Daughters should experience hard work, minimum wage job. *(from CNN)*
오바마 부부의 말: 우리 딸들은 힘든 일, 최저임금 일을 경험해야 합니다.

0517

emotional

[imóuʃənl]

a 감정의, 감정을 자극하는, 감정적인

A month ago, Martin Kaymer paid an emotional tribute to his deceased Mum after winning the Players' Championship on Mother's Day. *(from CNN)*
한 달 전, 마틴 케이머는 그의 돌아가신 어머니께 심금을 울리는 경의를 표했다. 자신이 플레이어즈 챔피언십에서 우승한 후 어머니 날에 있었던 일이다.

0518

harm

[ha:rm]

n 피해, 손해

The scandal did his career a lot of harm.
그 스캔들이 그의 경력에 많은 피해를 주었다.

0519

[wail]

conj ~하는 동안에

It wasn't unsafe for her to run an 800-meter race while she was 34 weeks pregnant. *(from CNN)*
그녀가 임신 34주 중에 800미터 경주에서 뛰었다는 것은 위험한 일은 아니었다.

NYT 12

When a consumer's credit score drops, it is hard to recover financially. Wall Street firms could face the same fate. The rating agency Moody's Investors Service said that, even though these banks had moved to strengthen their operations, their core businesses contained structural weaknesses.

소비자의 신용평점이 떨어지면 재정적으로 회복되기가 힘들다. 월스트리트 회사들도 같은 운명에 직면할 수 있다. 신용평가기구 무디스 인베스터스 서비스사는 비록 이 은행들이 이미 자신들의 시스템운용을 강화시키는 움직임을 보이고는 있지만 그들의 핵심사업은 구조적인 취약성을 내포하고 있다고 말했다.

0520

credit score

신용평점

He explains your credit score: how it's determined and how it affects your life. *(from CNN)*

그는 당신의 신용평점을 설명한다: 평점이 어떻게 결정되며 그것이 당신의 삶에 어떤 영향을 주는지를.

0521

recover

[rikʌ́vər]

 회복되다

Tiger Woods says his game isn't at 100%, but he's recovered from back surgery and is good enough to play. *(from CNN)*

타이거우즈는 게임이 100% 컨디션은 아니라고 말한다. 그러나 그는 등 수술로부터 이미 회복되었고 플레이 하기에 충분한 상태이다.

0522

financially

[finǽnʃəli, fai-]

 재정적으로, 재정상

How can you cope financially if you take an extended leave? *(from USA Today)*

장기휴가를 떠나면 재정적으로 어떻게 대처해나갈 수 있을까?

[feit]

n 운명

The Japanese no longer have their fate in their hands following a 2-1 loss against Ivory Coast and a 0-0 draw against Greece. *(from USA Today)*

일본은 더 이상 자신들의 운명을 자신들의 손에 쥐고 있지 않다. 코트디부아르에게 2-1로 패하고 그리스와 0-0 무승부를 기록한 이후의 상황이다.

[réitiŋ]

n 순위, 평가

US-Portugal match could generate a big TV rating. *(from USA Today)*

미국과 포르투갈의 경기는 대단한 TV 시청률을 끌어낼 수 있었다.

[stréŋθən]

v 강화하다

Do recessions strengthen relationships or hurt? *(from USA Today)*

불경기가 관계를 강화시킬까, 아니면 상처를 줄까?

[ὰpəréiʃən]

n 시스템 운용, 영업, 사업

In the wake of a destructive tornado or hurricane, charity usually comes in the form of medical aid, shelter, and search and rescue operations. *(from USA Today)*

토네이도와 허리케인 같은 파괴적인 재난이 닥친 후에는 구호단체가 대개는 의료지원, 피신처 제공, 그리고 탐색구조 활동의 형태로 움직이게 된다.

[kɔːr]

n 핵심, 중심

Debt is at the core of the problem.

빚이 그 문제의 핵심이다.

0528 contain
[kəntéin]
v. 포함하다

It contained the controversial stimulant ingredient DMAA. *(from USA Today)*
그것은 논란이 되고 있는 흥분제 성분 DMAA를 포함하고 있었다.

0529 structural
[strʌ́ktʃərəl]
a. 구조적인, 구조상의

They will work together to create structural reforms that will help reduce uncertainty in the housing finance market. *(from USA Today)*
그들은 구조개혁을 만들어내기 위해서 함께 일할 것이다. 그것은 주택금융시장에서의 불확실성을 줄이는데 도움을 줄 것이다.

0530 weakness
[wíːknis]
n. 취약함, 약점

I've always had a weakness for green goddess dressing. *(from New York Times)*
나는 그린 고디스 드레싱에 늘 취약점을 갖고 있었다. (무척 좋아했다.)

NYT 13

Since Moody's put the banks on warning, the firms have had time to brace themselves and the immediate impact of the cuts is not likely to be drastic. It will make life more difficult for the banks over the long run. The effect of ratings is pervasive.

무디스에서 그 은행들에 경고를 내림으로써 그들은 시간적인 여유를 갖고 마음의 준비를 하고 있는 상태이고 신용도하락의 즉각적인 충격은 극단적으로 다가올 것 같지는 않다. 그것으로 인해서 해당된 은행들의 삶이 장기간 어려움에 시달릴 것이다. 순위평가의 영향은 모든 부분에 전반적으로 골고루 미치게 되는 것이다.

0531 warning

[wɔ́:rniŋ]

 경고

Secretary of State John Kerry issued a warning after Syria had bombed Iraq. *(from USA Today)*

미 국무장관 존 케리는 시리아가 이라크에 폭탄 공격을 한 이후에 경고했다.

0532 brace oneself

앞으로 닥칠 좋지 않은 일에 대해서 정신적으로나 육체적으로 준비를 하다

Brace yourself for the inevitable arguments.

필연적으로 있을 수밖에 없는 논쟁에 대비해라.

0533 immediate

[imí:diət]

 즉각적인, 당면한

The chairman of the Senate Judiciary Committee pledged "immediate action" to ensure a "strong and reconstituted" Voting Rights Act. *(from USA Today)*

미국 상원 법사위원장은 즉각적인 조치를 약속했으며 그에 따라 투표권법을 반드시 강력하게 재구성하겠노라고 했다.

0534 impact
[ímpækt]
n 영향, 충격

Regardless, there's no doubt his improbable scenario had an outsize and long-lingering impact on the worlds of media and entertainment. *(from USA Today)*
그럼에도 불구하고, 의심의 여지없이, 그의 사실 같지 않은 시나리오는 미디어와 엔터테인먼트 세계에 오랫동안 사라지지 않는 초대형 충격을 남겼다.

0535 likely
[láikli]
a ~할 것 같은, ~의 가능성이 있는

For most of the industry of Wall Street it is likely to be a disappointing year. *(from New York Times)*
월 스트릿 대부분의 업종에서는 올해가 실망스러운 한 해가 될 것 같다.

0536 drastic
[drǽstik]
a 극단적인, 급격한

Paris imposed drastic measures to combat its worst air pollution. *(from USA Today)*
파리는 극단적인 조치를 취함으로써 최악의 공기오염과의 전쟁을 시작했다.

0537 long run
장기간, 오랜 시간

That "grass is always greener" attitude could spell doom for your relationship in the long run. *(from CNN)*
남의 떡이 커 보인다는 사고방식은 결국 당신의 관계를 파멸에 이르게 할 수 있습니다.

0538 effect
[ifékt]
n 영향, 결과, 효과

He described the weight loss effects of forskolin.
그는 포스콜린의 체중감량 효과를 기술했다.

0539 pervasive
[pərvéisiv]
a 만연하는

They discussed the pervasive gun culture in the U.S.
그들은 미국 내에 만연하는 총기문화에 대해서 토의했다.

NYT 14

Morgan Stanley was downgraded to Baa1, three notches above junk, and Goldman was reduced to A3, four notches above junk. It is an indication that investors harbor deep doubts about the industry's long-term prospects.

모건 스탠리는 Baa1으로 등급 하향 조정되었는데 이것은 투자 부적격 등급인 '투기' 등급 정크보다 세 단계 위이다. 그리고 골드만은 A3으로 등급이 낮아졌고 이는 정크보다 네 단계 위에 해당된다. 그것이 암시하는 것은 투자자들이 이 업계의 장기적인 전망에 대해서 깊은 의심을 품고 있다는 것이다.

0540

downgrade

[daungréid]

ⓥ 등급을 격하시키다

Russia's credit rating is downgraded amid growing tension with the West. *(from CNN)*
러시아의 신용등급은 서구 세계와의 갈등이 커지는 가운데 하락한 상태이다.

0541

notch

[natʃ]

ⓝ 등급, 급수

The quality of the food has dropped a notch.
그 음식의 질은 한 등급 떨어졌다.

0542

junk

[dʒʌŋk]

ⓝ 투자 부적격 등급

Sony has been downgraded to junk.
소니가 정크로 등급이 떨어졌다.

0543 reduce
[ridjú:s]
v 줄이다, 낮추다

DOT strives to reduce Houston flight delays. *(from USA Today)*
교통부(Department of Transportation)는 휴스턴 항공기 지연사태를 줄이기 위해서 애를 쓰고 있다.

0544 indication
[ìndikéiʃən]
n 암시, 조짐

There was no indication of when a mandatory evacuation order for the area might be lifted. *(from USA Today)*
그 지역에서의 의무철수명령이 언제 해제될 지에 대한 암시는 전혀 없었다.

0545 harbor
[há:rbər]
v 생각을 품다

We often harbor an abiding anxiety for the wrong things. *(from New York Times)*
우리는 흔히 과거에 있었던 안 좋은 일에 대해서 지속적인 불안감을 품고 산다.

0546 doubt
[daut]
a 의심, 의혹

It is casting doubts on future peace talks between Israelis and Palestinians.
(from USA Today)
그것으로 인하여 이스라엘과 팔레스타인 사이의 미래 평화회담에 의문이 생기고 있다.

0547 long-term
장기적인

We need a long-term strategy.
우리는 장기전략이 필요합니다.

Wall Street firms need to finance their operations at a low cost to make profits, so they make heavy use of short-term loans that last from a few days to a few months. Since the financial crisis, banks have made great efforts to make this critical financing source safer.

월스트리트 회사들은 자신들의 비즈니스에 저비용으로 자금을 대서 이익을 내야 한다. 그래서 그들은 단기대출을 과다하게 활용한다. 단기대출이란 몇 일에서 몇 달까지의 대출을 의미한다. 금융위기가 터지면서 은행들은 많은 노력을 기울여서 이 말 많은 자금조달을 보다 안전하게 하기 위해 애쓰고 있다.

0548

finance

[finǽns, fáinæns]

 자금을 대다

Goldman has used its own money to finance the programs. *(from New York Times)*
골드만은 그 동안 그 프로그램들에 자금을 대 왔다.

0549

profit

[práfit]

 이익, 수익

Analysts expect the company's profit to grow 144%. *(from USA Today)*
분석가들은 그 회사의 이익이 144% 성장할 거라고 예상한다.

0550

short-term

단기의, 단기적인

Most of the staff are on short-term contracts.
직원 대부분이 단기 계약된 상태이다.

0551
loan
[loun]
n 대출, 융자금

President Obama issued an executive order that aims to provide relief for millions of college graduates having trouble repaying student loans.
(from USA Today)
오바마 대통령은 행정명령을 내렸다. 그 명령의 목적은 학생 융자의 상환에 어려움을 겪고 있는 수백만 대학 졸업생들의 숨통을 터주기 위한 것이다.

0552
last
[læst]
v 계속되다, 지속되다

Permanent meant a garden that would last for at least a few years.
(from New York Times)
'영구적인'이 의미하는 바는 적어도 몇 년 동안은 지속될 정원이라는 것이었다.

0553
effort
[éfərt]
n 수고, 노력

Belgium promised the same effort against South Korea. *(from USA Today)*
벨기에는 한국을 상대로 똑 같은 노력을 기울일 것이라 했다.

0554
critical
[krítikəl]
a 비판적인, 비난하는

Pele was critical of his country's organization of the World Cup.
(from USA Today)
펠레는 자기 나라의 월드컵 조직위원회를 비난했다.

0555
source
[sɔːrs]
n 원천, 근원

Milk is a good source of calcium.
우유는 많은 칼슘을 제공한다.

NYT 16

The downgrades could push up the costs of these loans. With a lower credit rating, lenders might think there is a higher probability that the banks won't repay the money. These clients, to protect themselves, may now demand better terms with downgraded banks, like increased collateral.

등급하락은 이런 융자비용을 상승시킬 수 있다. 전보다 낮은 신용등급의 상태에서는 대출기관에서 이렇게 생각할 수도 있다. 은행이 빌린 돈을 상환하지 못할 가능성이 더욱 크다는 것이다. 이런 고객들은, 자신을 보호하기 위해서, 이미 등급 하락된 은행들에게 더 나은 조건을 요구할 수도 있다. 예를 들면, 담보물을 더 요구하는 것이다.

0556 push up
끌어 올리다

A study says overweight adults push up cost of health care. *(from New York Times)*
한 연구에 의하면 과 체중 성인들이 의료비를 상승시킨다고 한다.

0557 lower
[lóuər]
ⓐ 더 낮은

Spain—which was on the verge of economic meltdown two years ago—now has lower bond yields than the USA.
(from USA Today)
2년 전 경제붕괴 직전까지 몰렸던 스페인이 지금은 미국보다 더 낮은 채권수익률을 갖고 있다.

0558 lender
[léndər]
ⓝ 대출 기관, 돈을 빌려주는 사람

The lender is offering attractive rates of interest.
그 대출기관에서 지금 매력적인 이율을 제시하고 있다.

0559
probability
[prɑ̀bəbíləti]
n 가능성

Ford Motor could exceed its commitment to hire 12,000 people by the end of 2015. "There is a high probability we will surpass that number," Joe Hinrichs said in an interview. *(from USA Today)*

포드 자동차는 2015년말까지 12,000명을 고용하겠다는 약속을 넘어설 수 있을 것 같다. "그 숫자를 뛰어넘을 가능성이 아주 높습니다," 인터뷰를 통해서 (포드사 사장인) Joe Hinrichs가 말했다.

0560
repay
[ripéi]
v 상환하다

Tesla, the electric-car start-up, has to repay its $465 million loan faster. *(from USA Today)*

전기자동차 개발사인 테슬라는 4억 6천 5백만 달러의 융자금을 보다 빠른 시간에 상환해야 한다.

0561
protect
[prətékt]
v 보호하다, 지키다

Is it acceptable to divulge a secret to protect someone's honor? *(from New York Times)*

누군가의 명예를 지켜주기 위해서 비밀을 누설해도 괜찮은 것인가?

0562
demand
[dimǽnd]
v 요구하다

We demand that the Israeli government treat us as citizens. *(from New York Times)*

우리는 이스라엘 정부가 우리를 시민으로 대우해주기를 요구한다.

0563
terms
[tə:rmz]
n 계약의 조건

Under the terms of the agreement, you have to finish it by next month.

계약조건에 따라 그것을 다음 달까지 마무리 지어야 돼.

0564

[inkríːst]
ⓐ 증가한

Intel shares surged after the increased revenue forecast.
인텔주식은 수익증가 예보 이후에 급등했다.

0565

[kəlǽtərəl]
ⓝ 담보물

He explained how his staff had devised a system of increasing the worth of the collateral. *(from New York Times)*
그는 어떻게 자기 직원들이 담보물의 가치를 상승시키는 시스템을 고안해냈는지 설명했다.

NYT 17

President Obama proposed a $60.4 billion emergency spending bill to finance recovery efforts in areas pummeled by Hurricane Sandy. That was a sum that White House officials called a "robust" investment in the region but that was far less than what the states had requested.

오바마 대통령은 604억 달러의 비상지출 법안을 제안했다. 허리케인 샌디로 피해를 입은 지역들의 피해 복구노력을 자금 지원하기 위해서이다. 그 액수는 백악관 공무원들의 말로는 그 지역에 "탄탄한" 투자액이라고 말했지만 피해 주들에서 당초에 요구했던 액수에는 훨씬 밑도는 액수였다.

0566

propose

[prəpóuz]

 제안하다, 제의하다

President Obama's proposed changes to National Security Agency surveillance rules are likely to come this month.
(from USA Today)
오바마 대통령이 제안한 미국 국가 안전국 감시규칙의 변화는 이번 달에 실행될 가능성이 있다.

0567

emergency

[imə́:rdʒənsi]

 비상, 비상사태

Brazilian World Cup host city Manaus has declared a state of emergency as the waters of an Amazon River tributary swell. *(from USA Today)*
브라질 월드컵 개최도시인 마나우스는 비상사태를 선포했다. 아마존강의 한 지류 물이 차오르기 때문이다.

0568

[bil]

 법안

He introduced a bill that would increase the minimum wage.
그는 최저임금을 향상시킬 법안을 내놓았다.

0569 recovery
[rikʌ́vəri]
- n 회복, 복구

The most recent recession and the slow recovery have "left lasting scars on the economy." *(from New York Times)*
가장 최근의 불황과 더딘 회복이 경제에 지속적인 상처를 남기고 있다.

0570 pummel
[pʌ́məl]
- v 계속 치다, 때리다

Marlins pummeled ERA leader Harang to throttle Braves. *(from USA Today)*
말린즈는 방어율 1위인 하랑을 난타해서 브레이브즈의 목을 졸라 무너뜨렸다.

0571 sum
[sʌm]
- n 액수

I owe him a large sum of money.
나는 그에게 많은 돈을 빚졌어.

0572 robust
[roubʌ́st]
- a 원기 왕성한, 강력한, 튼튼한

After decades of decline, America's downtowns are once again enjoying the robust population growth. *(from USA Today)*
수십 년 동안의 감소 이후에 미국의 시내들은 다시 한번 탄탄한 인구 성장을 즐기고 있다.

0573 region
[ríːdʒən]
- n 지역, 지방

They made efforts to bring peace to the region.
그들은 그 지역에 평화를 가져오기 위하여 노력을 기울였다.

0574 request
[rikwést]
- v 요청하다, 요구하다

Obama is requesting over $6 billion in emergency funding to combat Ebola. *(from New York Times)*
오바마는 에볼라와 싸우기 위한 비상자금으로 60억 달러 이상을 요청하고 있다.

NYT 18

The plan assumes that states will have to pay about 10 percent of the cost of any repair and mitigation projects, even though they asked the federal government to cover 100 percent. Leaders from New York, New Jersey and other hard-hit states generally welcomed the proposal, even though it fell short of what they were seeking to clean up storm damage and prepare for future storms.

그 계획은 주(州)에서 보수와 완화 프로젝트 비용의 10퍼센트 정도를 지불해야만 하는 것으로 되어 있다. 하지만 주에서는 연방정부에 100퍼센트 책임져달라고 요청한 바 있었다. 뉴욕, 뉴저지, 그리고 허리케인으로부터 심각한 타격을 입은 다른 주들의 지도자들은 대체적으로 그 제안을 환영했다. 물론 그 액수가 그들이 폭풍피해를 완전히 정리하고 미래의 폭풍에 대비하기 위해 얻고자 했던 액수에는 부족했지만.

0575

assume

[əsúːm]

 ~이 옳다는 생각에 기초되어 있다

The theory assumes that we have to stick together.
그 이론은 우리가 단결해야 된다는 생각에 기초되어 있다.

0576

mitigation

[mìtəɡéiʃən]

 완화, 경감

Insurance tests found the crash mitigation systems worked to prevent or at least lessen crash impacts.
(from USA Today)
보험테스트를 통해서 알게 된 사실은 자동차 충돌 시 충격 완화 시스템이 효과가 있어서 충돌의 충격을 막아주던지 적어도 그 충격을 완화시켜주었다.

0577

cover

[kʌ́vər]

v 충분한 돈을 대다

How much money do you think can cover your expenses?
얼마가 있어야 네 경비를 다 충당할 수 있을 것 같아?

0578

hard-hit

심각한 영향을 받은, 큰 타격을 입은

The company has been hard-hit by the drop in consumer confidence.
그 회사는 소비자 신뢰가 떨어지면서 큰 타격을 입었다.

0579

generally

[dʒénərəli]

ad 대부분의 사람들이, 대개, 보통

At risk of being branded as sexist, a new survey paints women as generally more likely to be unaware of how to change a flat tire compared with men. *(from USA Today)*
성차별 주의자로 낙인 찍힐 지도 모르겠지만 한 새로운 설문조사는 여성을 표현하기를 대체적으로 남자에 비해서 펑크난 타이어를 교체하는 방법에 대해서 잘 알지 못하는 것 같다고 말하고 있다.

0580

proposal

[prəpóuzəl]

n 제안, 제의

The Transportation Department tentatively approved an airline proposal to modernize the computer language governing ticket sales. *(from USA Today)*
미국 교통국은 실험적으로 항공사의 제안을 승인했다. 그 제안은 항공권 판매를 다루는 컴퓨터 언어를 현대화하는 것이다.

0581

fall short of

~에 미치지 못하다

He fell short of their expectations.
그는 그들의 기대에 미치지 못했다.

0582
seek

[siːk]

ⓥ 청하다, 구하다

If the symptoms persist, seek medical advice.
그 증상이 계속되면 의사에게 진찰을 받아봐.

0583
clean up

완전히 씻다, 완전히 정리하다, 완전히 청소하다

The federal government has not met its promise to clean up waste at the old Savannah River Site nuclear weapons plant. *(from New York Times)*
연방정부는 아직 약속을 지키지 않고 있다. 사바나리버부지의 오래된 핵무기공장의 폐기물을 완전히 청소하겠다는 약속이었다.

NYT 19

They praised the proposal, saying "it enables our states to recover, repair and rebuild better and stronger than before." He expressed support for the White House proposal but left open the possibility that additional financing might be sought.

그들은 그 제안을 환영하면서 다음과 같이 말했다. "그 제안이 우리 주들로 하여금 정상상태로 회복되고 타격 받은 곳들을 보수하며 예전보다 더 낳게 재건되고 더욱 강해지는 것을 가능하게 해줍니다." 그는 백악관의 제안에 지지를 표명했지만 가능성은 열어 놓았다. 추가 자금조달이 요구될 수도 있다는 가능성이었다.

0584

praise

[preiz]

Ⓥ 칭찬하다, 환영하다

President Obama and House Speaker John Boehner praised the new water projects law. *(from USA Today)*
오바마 대통령과 하원의장 존 베이너는 새로운 수자원 사업법을 환영했다.

0585

enable

[inéibl]

Ⓥ ~을 할 수 있게 하다, 가능하게 하다

When new technology enables consumers to use a smarter, easier-to-use antenna, consumers and the marketplace win. *(from USA Today)*
새로운 기술이 소비자로 하여금 더욱 스마트해지고 사용하기 편한 안테나를 이용할 있게 한다면 소비자와 시장이 모두 승리하는 것입니다.

0586

repair

[ripéər]

Ⓥ 수리하다, 보수하다

Calvin, who is 11, had an operation to repair a burst blood vessel in his brain. *(from New York Times)*
지금 열 한 살인 캘빈은 뇌에서 터진 혈관을 고치기 위한 수술을 했다.

0587 **rebuild**
[riːbild]
ⓥ 재건하다

Pier 54 has been slowly collapsing into the river, but the trust had little money to rebuild it. *(from New York Times)*
부두 54는 계속해서 서서히 강 속으로 내려앉고 있다. 그러나 그 단체는 돈이 너무 없어서 부두를 재건하지 못했다.

0588 **express**
[iksprés]
ⓥ 의사를 표현하다, 의사를 전달하다

He wants to give them a platform to freely express the reality of their lives. *(from New York Times)*
그는 그들에게 자신들의 삶의 현실을 자유롭게 표현할 수 있는 기회를 제공하기를 원한다.

0589 **support**
[səpɔ́ːrt]
ⓝ 지지, 지원

US and Turkey expressed mutual support on key issues during a bilateral meeting. *(from USA Today)*
미국과 터키는 양자회담에서 주요 안건에 상호간의 지지를 표명했다.

0590 **additional**
[ədíʃənl]
ⓐ 추가의

President Obama has authorized the deployment of an additional 1,500 American troops to Iraq. *(from New York Times)*
오바마 대통령은 이라크에 1,500명의 미군을 추가로 배치하도록 허락했다.

NYT 20

The proposal comes at a politically inopportune time, as Mr. Obama and Congressional leaders in both parties try to reach an agreement intended to avert a so-called fiscal cliff.

The White House finds itself locked in a showdown with Congressional Republicans over these broader budget concerns.

그 제안은 정치적으로 시기가 좋지 않은 때 이루어졌다. 오바마 대통령과 두 당의 의회 지도자들은 현재 소위 말해서 국가재정 절벽을 피하기 위해서 의도된 합의에 이르기 위한 노력을 하고 있는 시기이기 때문이다. 백악관은 의회 공화당원들과 이런 폭넓은 예산문제를 다루는 마지막 결전에 휘말려 있는 상태이다.

0591

politically

[pəlítikəli]

ad 정치적으로

Americans would not have patience with a politically self-inflicted wound to their economy. *(from USA Today)*
미국민들은 그들 경제에 정치적으로 자초한 타격에 대해서는 인내심을 갖고 있지 않을 것이다.

0592

inopportune

[inàpərtjú:n]

a 시기가 안 좋은

He called at an inopportune moment.
그는 적절하지 않은 순간에 전화를 했다.

0593

Congressional

[kəngréʃənl]

a 미국 의회의

They received Congressional support.
그들은 의회의 지지를 받았다.

reach an agreement
합의에 이르다

They put the chance of reaching an agreement this month at 40 to 50 percent.
(from New York Times)
그들은 이번 달에 합의에 도달할 가능성을 40에서 50퍼센트로 보고 있다.

intend
[inténd]
v 의도하다

That's obviously a hostile act, intended to embarrass and humiliate me.
그것은 분명히 적대적인 행위로서 나를 당황시키고 굴욕감을 주기 위해 의도된 행위이다.

avert
[əvə́:rt]
v 피하다, 방지하다

Trumbo homered in a fourth straight game and the Diamondbacks averted a sweep by beating Colorado 5-3.
(from USA Today)
트럼보는 4게임 연속 홈런을 쳤고 다이아몬드백스는 콜로라도를 5대3으로 물리치며 콜로라도와의 이번 시리즈 전패를 피했다.

fiscal
[fískəl]
a (국가) 재정의

Nissan sees fiscal profit gains and a rosy outlook. *(from USA Today)*
니산은 회계연도 실현이익과 장미 빛 전망을 내놓고 있다.

cliff
[klif]
n 절벽

The cliffs were steep and dangerous.
절벽은 가파르고 위험했다.

0599 **be locked in**

~에 휘말리다

They are locked in a bitter dispute.
그들은 극한 분쟁에 휘말려 있다.

0600 **showdown**

[ʃóudàun]
n 마지막 결전

A German tabloid gave Jergen Klinsmann a black eye ahead of U.S.-Germany showdown. *(from USA Today)*
한 독일 타블로이드 신문은 미국과 독일의 마지막 결전을 앞두고 클린스만 미국 축구 감독의 눈을 멍든 눈으로 만들어 놓았다.

0601 **broad**

[brɔ:d]
a 폭넓은

Students here study a broad range of subjects.
여기 학생들은 다양하고 폭넓은 과목들을 공부합니다.

0602 **budget**

[bʌ́dʒit]
n 예산, 비용

New cameras let you be Steven Spielberg on a budget. *(from USA Today)*
새로운 카메라들이 여러분을 한정된 예산으로 스티븐 스필버그가 될 수 있게 도와드립니다.

0603 **concern**

[kənsə́:rn]
n 우려, 걱정

Concussion concern comes into focus for helmet safety. *(from USA Today)*
뇌진탕에 대한 우려가 집중 조명되며 헬멧의 안전성이 화두가 되고 있다.

NYT 21

Emma Whitehead has been bounding around the house lately, practicing somersaults and rugby-style tumbles that make her parents wince. It is hard to believe, but last spring Emma, then 6, was near death from leukemia. She had relapsed twice after chemotherapy, and doctors had run out of options.

엠마 화이트헤드는 최근에 집안에서 이리저리 껑충껑충 뛰어다니며 공중제비를 돌고 럭비 스타일로 굴러 떨어지는 연습을 하면서 부모를 움찔하게 만든다. 믿기 어렵겠지만 지난 봄에 당시 여섯 살이던 엠마는 백혈병으로 인해서 거의 죽을 뻔했다. 화학요법 치료 이후에 두 번의 재발을 겪은 후 의사들은 더 이상의 선택이 없었다.

0604
bound
[baund]
ⓥ 신이 나서 껑충껑충 달리다

A dog suddenly came bounding toward me.
개가 갑자기 나를 향해서 껑충껑충 뛰며 달려왔다.

0605
somersault
[sʌ́mərsɔ:lt]
ⓝ 공중제비, 재주 넘기

He turned a somersault in midair.
그는 반 공중에서 공중제비를 돌았다.

0606
tumble
[tʌ́mbl]
ⓝ 굴러 떨어짐

Nobody expected the stocks to take a tumble.
그 주식이 급락하리라고는 아무도 예상하지 못했다.

0607 wince
[wins]
ⓥ 움찔하고 놀라다

That $5,000 Yugoslavian car was cheap enough to buy on your credit card and not wince much if it got parking scrapes. *(from USA Today)*
그 5,000달러짜리 유고슬라비아 자동차는 가격이 싸서 신용카드로 살 수 있을 정도였으며 주차하다가 긁혀도 놀라지 않을 정도였다.

0608 leukemia
[ljukíːmiə]
ⓝ 백혈병

This treatment uses chemical agents to kill leukemia cells.
이 치료는 백혈병 세포를 죽이기 위해서 화학약품을 사용한다.

0609 relapse
[rilǽps]
ⓝ 병의 재발, 악화

This allegory is wonderful for understanding addiction, relapse and recovery. *(from New York Times)*
이 우화는 중독, 재발, 그리고 회복을 이해하는 데 아주 큰 도움이 된다.

0610 run out of
~이 없어지다, ~을 다 써버리다

A Score consultant explains how even a profitable company can run out of cash. *(from New York Times)*
스코어 자문위원은 수익성 있는 회사라도 어떻게 현금이 다 떨어질 수 있는지를 설명한다.

0611 option
[ápʃən]
ⓝ 선택, 선택권

There are other options. Maybe you could take a sabbatical.
다른 선택이 있어. 아마 안식년을 가질 수 있을 거야.

NYT 22

Desperate to save her, her parents sought an experimental treatment at the Children's Hospital of Philadelphia, one that had never before been tried in a child, or in anyone with the type of leukemia Emma had. The experiment used a disabled form of the AIDS virus to reprogram Emma's immune system genetically to kill cancer cells.

필사적으로 그녀를 구하기 위해서 그녀의 부모는 필라델피아의 어린이병원에서 실험 치료를 요청했다. 예전에 아이에게는, 또는 엠마가 걸린 백혈병을 가진 그 누구에게도 한 번도 시도해보지 않았던 치료법이었다. 그 실험치료는 비정상적인 형태의 AIDS 바이러스를 사용하여 엠마의 면역체계를 유전적으로 다시 프로그래밍함으로써 암세포를 죽이는 것이었다.

0612

desperate

[déspərət]
ⓐ 필사적인

Major Russian grocery chains are desperate to find new suppliers.
(from New York Times)
러시아의 주요식품점 체인들은 필사적으로 새로운 공급자를 찾고 있다.

0613

experimental

[ikspèrəméntl]
ⓐ 실험적인

Nobody tried to use the experimental teaching methods.
누구도 실험적인 교수법을 사용하려 들지 않았다.

0614

disabled

[diséibld]
ⓐ 장애를 가진, 비정상적인

Deaf workers take a break at Solar Ear China, one of a few Chinese companies that employ disabled workers.
(from New York Times)
청각장애 근로자들이 솔라 이어 차이나에서 휴식을 취하고 있다. 그곳은 장애 근로자들을 고용하는 몇몇 중국 회사들 중의 하나이다.

0615

면역체계

Tumors have a molecular shield that repels attacks from the immune system. *(from New York Times)*
종양은 분자막을 가지고 있어서 면역시스템으로부터의 공격을 물리친다.

0616

[dʒənétikəli]
ad 유전적으로

Much of the science concludes genetically engineered food items safe to eat.
(from USA Today)
과학의 많은 분야에서 내리는 결정은 유전적으로 조작된 음식은 먹어도 안전하다는 것이다.

NYT 23

With Europe once again rattling global markets, many of the largest European countries are now rebelling against the German gospel of belt-tightening and demanding more radical steps to reverse their slumping fortunes.

유럽이 다시 한번 세계 시장을 불안에 떨게 하면서 유럽의 많은 대형 국가들은 지금 독일의 신조인 긴축정책에 반기를 들며, 급락하고 있는 유럽의 운명을 반전시킬 수 있는 보다 근본적인 조치를 요구하고 있다.

0617

rattle
[rǽtl]
- v 당황하게 하다, 불안하게 하다

His confidence was rattled by the accident.
그의 자신감은 그 사고로 인해서 크게 흔들렸다.

0618

rebel
[rébəl]
- v 저항하다, 반항하다

In her own way, Effie rebels against the stringency of District 13 by showing her individuality. *(from New York Times)*
자신만의 방법으로 이피는 자신의 개성을 보여줌으로써 13구역의 가혹함에 저항한다.

0619

gospel
[gáspəl]
- n 신조, 주의, 절대적인 진리

Central Bankers' new gospel: Spur Jobs, Wages and Inflation *(from New York Times)*
중앙은행 리더들의 새로운 신조: 직업의 양을 늘리고 임금을 올리며 인플레이션 상태를 상승시키는 데 박차를 가하는 것이다.

0620 belt-tightening
절약, 긴축(정책)

No matter which party wins France's legislative elections, it became clear that Prime Minister Alain Juppe's policy of belt-tightening and deficit-cutting to get ready for a common European currency will go with him when he resigns. *(from New York Times)*
프랑스 총선에서 어떤 당이 승리하든 분명해진 사실은 유럽 공동 통화 준비를 위한 Alain Juppe 수상의 긴축과 적자감소 정책은 그의 사임과 함께 사라질 것이다.

0621 radical
[rǽdikəl]
ⓐ 근본적인, 철저한, 과격한

There are radical differences between them.
그들 사이에는 근본적인 차이가 있어.

0622 step
[step]
ⓝ 조치

The racially torn city of Ferguson, Mo., took an important step when the City Council announced proposals. *(from New York Times)*
인종간의 갈등으로 찢어질 대로 찢어진 미주리 주 퍼거슨 시는 중요한 조치를 취했다. 시의회에서 몇 가지 제안을 공식적으로 발표한 것이다.

0623 reverse
[rivə́:rs]
ⓥ 뒤바꾸다, 역전시키다, 뒤집다

It's far from clear that Republicans, who have so far resisted nearly every element of the president's economic agenda, will reverse course and team up with him. *(from New York Times)*
현실과 거리가 먼 사실은 지금까지 대통령의 경제안건을 거의 사사건건 반대해왔던 공화당원들이 정책을 뒤집어 대통령과 협력할 것이라는 사실이다.

0624

slump

[slʌmp]

v 급강하다, 폭락하다

Despite slumping prices, no end in sight for U.S. oil production boom.
(from New York Times)
급락하는 가격에도 불구하고 미국의 기름 생산 붐은 끝이 보이지 않는다.

0625

fortune

[fɔ́ːrtʃən]

n 운명, 운수, 재산, 부

This defeat marked a change in his fortunes.
이 패배로 그의 운명에 변화가 생겼다.

NYT 24

Google is still pulling in money hand over fist, but Wall Street is hungry for the company's next act. On a conference call with analysts, after Google reported its third-quarter earnings, the questions came fast and furious: How will Google match Apple's new payment system? Can YouTube topple television? Is Google serious about trying to challenge Amazon on same-day delivery?

구글은 여전히 많은 돈을 빠른 속도로 벌어들이고 있지만 월스트리트는 구글의 다음 행보에 굶주려 있다. 구글이 3/4분기 수입을 보고한 이후에 열린 분석가들과의 전화회담에서 질문들이 정신 없이 쏟아졌다: 구글은 애플의 새로운 지불 시스템에 어떻게 대응할 것인가? 유투브는 TV와의 경쟁에서 승리할 수 있을 것인가? 구글은 아마존의 당일배송에 진심으로 도전할 생각인가?

pull in

많은 돈을 벌어들이다

YouTube videos pull in real money.
(from New York Times)
유투브 비디오가 이제 실제 돈을 벌어들인다.

hand over fist

정력적이며 빠른 속도로

He completed his assignments hand over fist.
그는 과제를 빠르고 활기차게 끝마쳤다.

conference

[kánfərəns]
Ⓝ 회의, 학회

An international donor conference pledged $5.4 billion to rebuild Gaza Strip.
(from New York Times)
국제 기부자 학회는 가자지구를 재건하기 위한 목적으로 54억 달러를 약속했다.

0629

analyst

[ǽnəlist]
n 분석가

I'm still waiting for him to become an interesting and entertaining analyst. *(from New York Times)*
나는 여전히 그가 흥미와 재미를 주는 분석가가 되기를 원해.

0630

fast and furious

빠른 속도로 정신 없이 이어지는

The action was fast and furious in the movie.
액션이 그 영화 안에서는 빠르게 정신 없이 이어졌다.

0631

payment

[péimənt]
n 지불, 지급

She was three days behind on her monthly car payment. *(from New York Times)*
그녀는 자동차 월 할부금 지불을 3일 밀렸었다.

0632

topple

[tápll]
v 넘어뜨리다

Jubilant crowds cheered as a statue of Lenin was toppled in the eastern city of Kharkiv. *(from New York Times)*
의기양양한 군중들은 레닌의 동상이 우크라이나의 동부 하루키우시에서 쓰러져 넘어갈 때 환호성을 질렀다.

0633

challenge

[tʃǽlindʒ]
v 도전하다

The law has been challenged by an array of individuals, civil rights groups and the Obama administration. *(from New York Times)*
그 법은 그 동안 다수의 개인들, 시민권 단체들, 그리고 오바마 정부에 도전을 받아왔다.

0634 **delivery**

[dilívəri]

🅝 배달, 배송

As the holiday shopping season gets underway, same-day delivery has become a new battleground for e-commerce.
(from New York Times)

연말연시 쇼핑 시즌이 시작되면서 당일배송이 온라인 매매의 새로운 전쟁터가 되었다.

voca TEST The New York Times

 다음 보기 중 빈칸에 맞는 단어를 찾아 쓰시오.

보기	administered harbor conceded topple avert
	drastic accelerated rallied sustained assault

1. President Obama _____ the employment situation needed improvement.

2. Wall Street has _____ in the first three months of this year.

3. Signs of _____ improvement could work in President Obama's favor.

4. After a veterinarian near his home _____ chemotherapy to Tina, Mr. Otworth drove her to North Carolina State University.

5. Older pets like Tina are benefiting from advances in veterinary medicine that have _____ in the past two to three years.

6. The highest rates of physical and sexual _____ happen to women ages 16 to 24.

7. The firms have had time to brace themselves and the immediate impact of the cuts is not likely to be _____.

8. It is an indication that investors _____ deep doubts about the industry's long-term prospects.

9. How will Google match Apple's new payment system? Can YouTube _____ television?

10. They try to reach an agreement intended to _____ a so-called fiscal cliff.

다음 단어에 해당하는 뜻을 찾아 선을 그으시오.

1. restore   ❶ what is expected to happen in the future

2. outlook   ❷ a change, discovery, or invention that brings progress

3. stimulate   ❸ to try to understand or find a solution to a difficult problem

4. significance   ❹ to make something return to its former state or condition

5. advance   ❺ very different from each other

6. wrestle   ❻ the importance of an event, action etc, especially because of the effects or influence it will have in the future

7. diverse   ❼ to encourage or help an activity to begin or develop further

8. radical   ❽ to hit someone or something many times quickly, especially using your fists

9. notch   ❾ very big and important

10. pummel   ❿ a level on a scale that measures something, for example quality or achievement

정답 1-❹ 2-❶ 3-❼ 4-❻ 5-❷ 6-❸ 7-❺ 8-❾ 9-❿ 10-❽

USA TODAY

3 MONTHS F THE PRICE

- NEWS
- SPORTS
- LIFE
- MONEY
- TECH
- TRAVEL
- OPINION
- 65°
- CROSSWORDS
- YOUR TAKE
- INVESTIGATIONS
- VIDEO
- STOCKS
- APPS
- BEST-SELLING BOOKS
- MORE

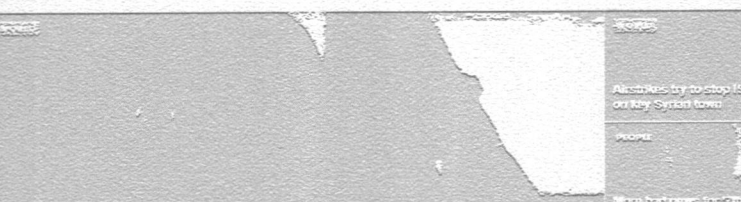

Do you know this ISIL fighter?

- Read Story
- Teen ISIL recruit arrested
- U.K. foils terror plot

SPORTS

Airstrikes try to stop ISIL march on key Syrian town

PEOPLE

More bad news for '7th Heaven' dad Stephen Collins

Adams' 3-run HR stuns Kershaw, Cardinals advance

TOP STORIES

- Air tanker crashes fighting Yosemite fire
- Fewer new Ferguson voters register than thought
- Doctor: Strong lasers at NFL games are 'weapons'
- Chicago police converge on shooting scene
- Stocks plunge; Dow drops 273 points
- Kim Jong Un not seen in public in over a month
- Senate control may be undecided for weeks after e
- Report: Sayreville (N.J.) football scandal might inv
- 2 ancient villages emerge in Arizona (Newser)

29-year-old woman: Why I'm taking my own life

Kobe calls out owners for hypocrisy after TV deal

The solution to J.K. Rowlings anagram R...

Get hackers off your back: Security tips for small biz

OUR PICKS

Need a break? Stop, click play a game

8 tips to maximize your 401 (k) for retirement

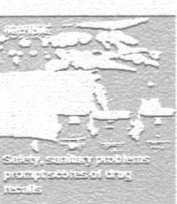
Safety, sanitary problems prompt closures of drug resell...

Wednesday's lunar eclipse will create a 'blood' moon

MOST POPULAR

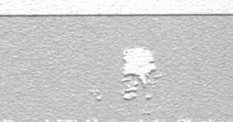

Report: '7th Heaven' star Stephen Collins admits to molestation

- Wednesday's lunar eclipse will create a 'blood' moon
- '7th Heaven' actress Sarah Goldberg dies
- 29-year-old woman: Why I'm taking my own life

TRENDING ON SOCIAL

- Wednesday's lunar eclipse will create a 'blood' moon
- Hands-free car systems not that safe
- More gay marriage bans fall in Idaho and Nevada
- Air tanker crashes fighting Yosemite fire
- Retailers will ax holidays with omnichannel

Gay marriage bans fall in Idaho, Nevada

A federal appeals court declared gay marriage legal Tuesday in two more states – Idaho and Nevada. The decision will likely raise the number of states with same-sex marriage to 26

VOICES

AIG lawsuit should be laughed out of court. Our view

2 of 15 See more videos

RIGHT NOW

NEWS

Air tanker crashes fighting Yosemite fire

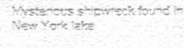
Mysterious shipwreck found in New York lake

Family: Ebola patient's condition disturbing
Day care owner: Child thought heroin was candy to share

SPORTS

Adams' 3-run HR stuns Kershaw, Cardinals advance

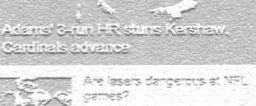
Are lasers dangerous at NFL games?

Kobe calls out owners for hypocrisy
Yasiel Puig reacts to Game 4 benching
NFL owners to discuss domestic violence prevention

VOICES

Voices: Parts of Latin America ahead of U.S. on gay marriage

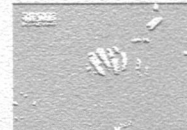

NL Division Series: Giants vs. Nationals

0635~0843

USA TODAY 01

Get ready to line up again if you want one of the new iPads that Apple is expected to unveil Tuesday. CEO Tim Cook and his lieutenants will be in San Francisco that day to announce a slew of refreshed gadgets before the crucial holiday shopping season gets underway.

애플이 화요일에 발표할 것이라 예상되는 새로운 아이패드를 원한다면 다시 줄 설 준비를 하세요. CEO 팀 쿡과 회사 중역들은 그 날 결정적인 쇼핑 시즌이 시작되기 전에 샌프란시스코에서 많은 새로운 제품을 발표할 예정입니다.

---

line up
줄을 서다

I saw the cars lining up to board the ship.
자동차들이 배에 올라타려고 줄 서있는 걸 봤어.

---

expected
[ikspéktid]
ⓐ 예상되는

A snowfall that brought huge snowdrifts and closed roads around Buffalo was finally expected to stop on Friday.
(from USA Today)
엄청난 눈더미를 가져오고 버팔로 주변의 길을 폐쇄시킨 강설은 마침내 금요일에 멈출 것이 예상된다.

---

unveil
[ʌnvéil]
ⓥ 발표하다, 덮개를 벗기다

Apple is expected to unveil their own wearable smart-watches later this year.
(from USA Today)
애플은 올해 후반에 자체 착용 가능한 스마트 시계를 발표할 예정이다.

0638 slew
[slu:]
- n 많음, 다수

A slew of celebrities saddled up for the Kentucky Derby. *(from USA Today)*
많은 연예인들이 켄터키 더비(켄터키 경마)를 위해서 안장에 올랐다.

0639 refreshed
[rifréʃt]
- a 새로운, 신선한

She returned from vacation feeling refreshed.
그녀는 휴가를 마치고 신선한 기분으로 돌아왔다.

0640 gadget
[gǽdʒit]
- n 작고 유용한 도구, 기기, 장치

Jennifer Jolly has come up with a list of the best places to shop online for gadgets this holiday season. *(from USA Today)*
제니퍼 졸리는 이번 휴가시즌에 온라인에서 기기들을 구입하기 위한 최적의 사이트 리스트를 내놓았다.

0641 crucial
[krúːʃəl]
- a 중대한, 결정적인

Immune system may play a crucial role in mental health. *(from USA Today)*
면역체계는 정신건강에 대단히 결정적인 역할을 할 수 있다.

0642 underway
[ʌ́ndərwei]
- a 진행중인

They issued the "10 Worst Toys" list as the holiday shopping season gets underway. *(from USA Today)*
그들은 휴일 쇼핑 시즌이 시작되면서 10대 최악 장난감 리스트를 발표했다.

USA TODAY 02

The search for the new actor to portray billionaire Christian Grey in the film version of Fifty Shades of Grey is heating up, nearly a week after Charlie Hunnam dramatically dropped out of the part. While Universal Pictures has kept mum about the search process, the rest of the media has been buzzing about potential Grey suitors as the film's Nov. 1 production start date looms.

영화화되는 작품 Fifty Shades of Grey에서 억만장자인 크리스챤 그레이를 연기할 새로운 배우 찾기가 열기를 더해가고 있다. 거의 일주일 전에 찰리 허냄이 예정되어 있던 그 배역에서 극적으로 도중하차했다. 유니버설 픽쳐스가 주인공 발굴 과정에 대해서 입을 닫고 있는 동안 나머지 매체들은 11월 1일에 영화제작 시작 날이 서서히 다가옴에 따라 가능성 있는 그레이 구애자들에 관한 이야기로 부산하다.

0643

search

[səːrtʃ]

n 찾기

Bad weather hampered the search for survivors. *(from USA Today)*
나쁜 날씨가 생존자 찾기를 방해했다.

0644

portray

[pɔːrtréi]

v 연기하다, 묘사하다

They talked about the physical transformation the actor went through to portray Nelson Mandela. *(from USA Today)*
그들은 그 배우가 넬슨 만델라역을 하기 위해서 겪어야 했던 신체적 변화에 대해서 이야기했다.

0645

heat up

뜨거워지다

The stove took a while to heat up.
그 난로는 뜨거워지는 데 시간이 좀 걸렸다.

0646 nearly
[níərli]
ad 거의

It had lasted for about a hundred days; nearly one million people were killed.
그것이 거의 100일 동안 지속되었다; 거의 100만명이 죽었다.

0647 dramatically
[drəmǽtikəli]
ad 극적으로, 상당히, 인상적으로

The girl's situation has dramatically improved. *(from USA Today)*
그 여자아이의 상황은 극적으로 좋아졌다.

0648 drop out of
~에서 중도 하차하다

They have dropped out of politics.
그들은 정치에서 손을 뗐다.

0649 keep mum about
~에 대해서 비밀을 지키다

You should keep mum about the process.
그 과정에 대해서는 비밀을 지켜야 돼.

0650 process
[práses]
n 과정, 절차

Doctors say George faces a long rehab process. *(from USA Today)*
의사들은 조지가 오랫동안 재활과정을 거쳐야 한다고 말한다.

0651 media
[mí:diə]
n (신문, TV 등의) 매체

The accident was reported in the national media.
그 사건은 전국 방송매체에 보도되었다.

0652 **buzz**
[bʌz]
ⓥ 부산스럽다, 활기가 넘치다

He **buzzed** around checking that everything was under control.
그는 모든 준비가 다 되었는지를 확인하느라 분주히 돌아다녔다.

0653 **potential**
[pəténʃəl]
ⓐ 가능성이 있는, 잠재적인

We should come up with ideas to attract **potential** customers.
우리는 잠재고객을 끌어들일 수 있는 아이디어를 생각해 내야 해.

0654 **suitor**
[súːtər]
ⓝ 특정한 여성과 결혼하고자 하는 구혼자

She finally accepted the **suitor**.
그녀는 결국 그 구혼자의 청혼을 받아 들였다.

0655 **loom**
[luːm]
ⓥ 어렴풋이 나타나다

Despite stadium concerns and a **looming** transit strike, fans from all over the world have come to Brazil to cheer on their teams at the World Cup. *(from USA Today)*
경기장에 대한 우려와 다가오는 운송수단파업에도 불구하고 전세계 팬들은 브라질로 와서 월드컵에 참가하는 자국 팀들을 응원할 예정이다.

USA TODAY 03

Here comes the bendable smartphone displays. Samsung has announced the Galaxy Round smartphone, which the Korean electronics giant is calling the "world's first curved display smartphone." Galaxy Round sports a 5.7-inch full HD Super AMOLED screen that will let users take advantage of a "Roll Effect" to check the date, time, missed call, and battery status information, even when the home screen is off.

구부릴 수 있는 스마트폰 화면이 다가오고 있다. 삼성은 최근 갤럭시 라운드 스마트폰을 공식 발표했는데 이것을 한국의 거대 전자회사 삼성은 "세계 최초의 곡선 화면 스마트폰"이라고 부르고 있다. 갤럭시 라운드는 5.7인치 풀 HD 수퍼 아몰레드 스크린을 장착하고 있으며 사용자들이 "롤 효과"를 이용하여 날짜, 시간, 미처 받지 못한 전화, 그리고 배터리 상태 정보를 심지어는 홈 스크린이 꺼져 있을 때도 확인할 수 있다.

0656
bendable
[béndəbl]
ⓐ 구부릴 수 있는

This TV is a 78-inch fully bendable LED display available only in Korea.
(from USA Today)
이 TV는 완전히 구부릴 수 있는 78인치 LED 화면이며 대한민국에서만 구할 수 있다.

0657
display
[displéi]
ⓝ 화면, 디스플레이, 전시

The company's endlessly impressive curved OLED display is also pretty inaccessible at $9,000. *(from USA Today)*
그 회사의 늘 인상적인 곡선 OLED 화면은 또한 9,000달러에는 접근하기 대단히 어렵다.

0658
electronics
[ilektrániks]
ⓝ 전자기술, 전자공학, 전자 장치

They sell every form of electronics from calculators to computers.
그들은 계산기에서 컴퓨터까지 모든 형태의 전자제품을 판매한다.

0659 **curved**
[kə:rvd]
ⓐ 곡선의, 약간 굽은

The entire panel structure can bend back and forth between flat and curved states. *(from USA Today)*
전체 패널 구조가 납작한 상태와 곡선인 상태 사이에서 앞뒤로 휠 수 있다.

0660 **sport**
[spɔ:rt]
ⓥ 자랑스럽게 보이다

The Statue of Liberty will sport 60-foot bow ties for Halloween. *(from USA Today)*
자유의 여신상은 할로인데이를 위해서 60피트 크기의 나비넥타이를 맬 것이다.

0661 **take advantage of**
~을 이용하다

I could take advantage of the good weather.
나는 좋은 날씨를 이용할 수 있었다.

0662 **miss**
[mis]
ⓥ 놓치다

Don't miss these red-hot romance e-book deals from BookBub. *(from USA Today)*
BookBub에서 시행하는 최신 로맨스 이북 행사를 놓치지 말아라.

0663 **status**
[stéitəs]
ⓝ 상황, 상태

There was nothing new to report Tuesday on the status of Tiger Woods and whether he will play in this week's PGA Championship. *(from USA Today)*
화요일에 타이거 우즈의 상태에 대해서, 그리고 그가 이번 주의 PGA 챔피언십에 참가할지에 대해서 보도할만한 새로운 소식이 없었다.

USA TODAY 04

Nelson Mandela's death prompted an outpouring of grief from world leaders and others who honored the beloved South African leader's life and legacy. Convicted of treason and sentenced to life imprisonment for leading a sabotage and conspiracy against government, Mandela spent 27 years behind bars before he was freed in 1990.

넬슨 만델라의 죽음은 사랑 받았던 남아프리카 공화국 지도자 만델라의 삶과 유산을 존경했던 세계 지도자들과 그 밖의 많은 사람들의 비통한 감정을 촉발시켰다. 반역죄로 유죄선고를 받고 정부를 상대로 사보타주와 음모를 주도했다는 이유로 종신형을 선고 받았던 만델라는 27년을 감옥에서 보낸 후 1990년에 자유의 몸이 되었다.

0664

prompt

[prampt]

 촉발하다

Some recent controversies have prompted calls for stiffer requirements for the people who investigate deaths.
(from USA Today)

최근의 논란들은 사망을 조사하는 사람들에게 더욱 철저한 자격요건을 제시해야 된다는 요구를 촉발시켰다.

0665

outpouring

[áutpɔ:riŋ]

 감정의 분출

The death of Robin Williams has sparked an outpouring of grief around the world.
(from USA Today)

로빈 윌리암스의 죽음은 세계적으로 비통한 감정의 분출을 촉발시켰다.

0666

grief

[gri:f]

 사랑하는 사람이 세상을 떠났을 때의 큰 슬픔, 비탄

She felt grief over his death.

그녀는 그의 죽음에 비통함을 느꼈다.

0667
honor
[ánər]
ⓥ 존경하다, 공경하다

The San Francisco Giants honored Robin Williams with moment of silence.
(from USA Today)
샌프란시스코 자이언츠는 묵념으로 로빈 윌리암스에게 경의를 표했다.

0668
beloved
[bilʎvd]
ⓐ (주로 문학작품 속에서) 총애 받는, 대단히 사랑을 받은

I don't think he can recover from the death of his beloved daughter.
그는 자기가 몹시 사랑했던 딸의 죽음의 충격으로부터 회복될 수 없을 것 같아.

0669
legacy
[légəsi]
ⓝ 유산

The invasion left a legacy of hatred and fear.
그 침략은 증오와 공포라는 유산을 남겼다.

0670
convict
[kənvíkt]
ⓥ 유죄를 선고하다

The charges are flimsy with little basis in law. A jury might convict him anyway.
(from USA Today)
그 기소내용은 법적인 근거가 거의 없이 조잡하기만 하다. 그러나 어쨌든 배심원단은 그에게 유죄를 선고할 가능성이 있다.

0671
treason
[tríːzn]
ⓝ 반역죄

He appeared in court and pleaded not guilty to five counts of treason.
(from USA Today)
그는 법정에 나타나서 5개의 반역죄 기소조항에 대해 범행을 부인했다.

0672 sentence
[séntəns]
v (형을) 선고하다

She was sentenced to five years in prison.
그녀는 5년형을 선고 받았다.

0673 imprisonment
[imprízənmənt]
n 투옥, 구금

Kenneth Bae's sister spoke to the media on Sunday, one day after Bae arrived home after two years of imprisonment in North Korea. *(from USA Today)*
케네스 배의 언니는 일요일에 대중매체와 대화를 나누었다. 케네스 배가 북한에서 2년 동안 구금된 이후 집으로 돌아온 바로 다음 날이었다.

0674 sabotage
[sǽbətà:ʒ]
n 고의적인 방해 행위

Stop the acts of sabotage to destabilize the government.
정부를 불안정하게 만드는 방해공작 그만둬.

0675 conspiracy
[kənspírəsi]
n 음모, 모의

There was "no conspiracy found" within GM. *(from USA Today)*
GM 내에서 발견된 음모는 없었다.

0676 behind bars
감옥에 갇힌, 철창 속에 갇힌

Lehel could spend a total of seven years behind bars. *(from USA Today)*
Lehel은 7년을 꼬박 감옥에서 보낼 수 있습니다.

0677 free
[fri:]
v 석방하다, 풀어주다

"I can't wait for the moment to welcome my husband home," she said after learning of the plan to free him. *(from USA Today)*
"남편이 집으로 빨리 돌아오면 좋겠어요," 라고 그녀는 남편의 석방 소식을 접한 후에 말했다.

USA TODAY 05

President Obama, who drew inspiration from Mandela's life, was effusive in his praise, saying he "could not imagine his own life without the example Mandela set."

"He achieved more than could be expected of any man. We've lost one of the most influential, courageous, profoundly good people to be on this Earth," Obama said. "We will not likely see the likes of Nelson Mandela again."

과거 만델라의 삶에서 영감을 받았던 오바마 대통령은 만델라를 칭송하는 자리에서 격앙된 어조로 이렇게 말했다. "저는 만델라가 만들어 놓은 본보기가 없었다면 제 삶을 상상할 수도 없을 겁니다." "만델라는 우리가 누군가로부터 기대할 수 있는 것 이상의 것을 이루어냈습니다. 우리는 이 지구상에서 가장 영향력 있고 용감하며 말로 다할 수 없을 정도로 훌륭한 한 사람을 잃었습니다,"라고 오바마는 말했다. "우리는 다시는 넬슨 만델라 같은 사람을 만날 수 없을 겁니다."

0678

draw

[drɔ:]

ⓥ 얻다, 끌어내다

The case drew international attention.
그 사건은 국제적인 관심을 끌었다.

0679

inspiration

[ìnspəréiʃən]

ⓝ 영감

He found inspiration in Agatha Christie and road-trip movies. *(from USA Today)*
그는 아가사 크리스티와 장거리 자동차 여행 영화들을 통해서 영감을 얻었다.

0680 effusive
[ifjú:siv]
ⓐ 좋은 감정을 담아 격앙된 어조의

Obama heaped effusive praise on his host. *(from USA Today)*
오바마는 자신을 초대한 호스트를 격하게 칭찬했다.

0681 imagine
[imǽdʒin]
ⓥ 상상하다, 마음 속으로 그리다

LeBron James: I can't imagine leaving Miami. *(from USA Today)*
르브론 제임스: 저는 마이애미를 떠나는 것을 상상할 수 없습니다.

0682 set an example
본보기를 만들다

You should be setting an example for your little brother.
동생을 위해서 네가 좋은 본보기를 만들어줘야지.

0683 set
[set]
ⓥ (기준이나 모범을) 들다, 세우다

The outcome of the case will set a legal precedent.
그 사건의 결과가 아마도 법적 선례를 만들어낼 것이다.

0684 achieve
[ətʃí:v]
ⓥ 성취하다

It took 15 years for Federer to achieve Davis Cup success after making his debut in the event in 1999. *(from USA Today)*
페더러는 1999년 데이비스 컵 대회에 등장한 후 우승 컵을 들어올리기까지 15년이 걸렸다.

0685 expect of
~에 기대하다

What do you expect of these people?
이런 사람들에게서 무엇을 기대하겠는가?

0686

[ìnfluénʃəl]
ⓐ 영향력 있는

The Time 100 is the magazine's list of the 100 most influential people in the world.
(from USA Today)
Time 100은 잡지 TIME이 선정하는 전 세계에서 가장 영향력 있는 인물 100명의 리스트이다.

0687

[kəréidʒəs]
ⓐ 용감한

He was courageous enough to admit the fact.
그는 그 사실을 인정할 정도로 용감했다.

0688

profoundly

[prəfáundli]
ad 깊이, 완전히

There's no doubt that the Robin Williams story is a big deal. He touched many lives profoundly. *(from USA Today)*
로빈 윌리엄스 이야기가 대단히 중요하다는 사실에는 의심의 여지가 없다. 그는 많은 사람들의 삶에 깊은 영향을 주었다.

0689

[láikli]
ad 아마

I'd likely do the same thing in your situation.
네가 네 상황이라면 나도 아마 똑같이 할 것 같은데.

0690

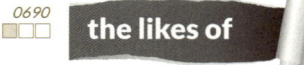

~와 같은 부류

I don't want to work with the likes of him.
나는 그 사람 같은 사람들과는 일하고 싶지 않아.

USA TODAY 06

A slow-moving storm will continue to lash parts of the central USA with ice and snow. The ice will likely lead to power outages in Arkansas. Heavy rain is likely across much of the Deep South and parts of the East Coast. The Southeast coast and Florida will enjoy warm and dry weather, as temperatures soar well into the 70s and 80s.

느리게 움직이는 폭풍우가 계속 미국 중앙부의 여러 지역을 얼음과 눈으로 휘갈길 것이다. 얼음은 아칸소 주에 정전사태를 일으킬 가능성이 있다. 호우가 최 남동부의 많은 지역과 동해안의 여러 지역에 내릴 가능성이 있다. 남동 해안지방과 플로리다는 따뜻하고 건조한 날씨를 누리게 될 것이며 기온은 (화씨) 70도에서 80도까지 치솟게 될 것이다.

0691

[stɔːrm]
n 폭풍우

The team was stuck on its bus for nearly 30 hours because of a huge storm.
(from USA Today)
그 팀은 엄청난 폭풍우로 인해서 거의 30시간을 버스 안에 묶여 있었다.

0692

[læʃ]
v 후려치다, 휘갈기다

The wind lashed violently against the door.
바람이 사납게 문에 몰아쳤다.

0693

~로 이어지다

A degree in Journalism and Broadcasting could lead to a career in journalism.
신문방송학위를 갖고 있으면 저널리즘 쪽 일로 이어질 수 있다.

0694

[áutidʒ]
ⓝ 정전(= power outage)

They may have collectively lost $1 million per hour in revenue as a result of the outage. *(from USA Today)*
그들은 정전의 결과로 수익에서 시간 당 총 1천만 달러를 잃었을 수 있다.

0695

[hévi]
ⓐ 양이 많은

Heavy rain wreaks havoc in Detroit. *(from USA Today)*
폭우가 디트로이트에 큰 피해를 입히다.

0696

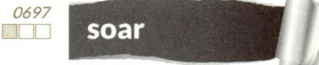

[témpərətʃər]
ⓝ 온도, 기온

Most predictions of upcoming temperature rises are roughly 3.6 degrees to 8.1 degrees. *(from USA Today)*
다가오는 기온 상승에 대한 대부분의 예측은 대강 3.6도에서 8.1도까지이다.

0697

soar

[sɔːr]
ⓥ 치솟다

Maserati sales soared 97% from a year prior. *(from USA Today)*
마세라티 판매가 전년도에 비해서 97% 치솟았다.

USA TODAY 07

The ultimate driving machine is being recalled. BMW is recalling a 134,100 5 series sedans because the taillights can go on the fritz. The recall involves only the 2008 to 2010 model years. The problem involves "increased resistance" at electrical contact points in the taillight housings that can cause the taillights to go out, according to the notice on the National Highway Traffic Administration website.

최고의 자동차가 리콜 예정이다. BMW는 5 시리즈 세단 134,100대를 리콜할 예정이다. 그 이유는 미등이 고장 날 수 있다는 것이다. 리콜 대상은 신차년도가 2008년부터 2010년 까지인 모델들만이다. 문제는 미등 소등을 유발할 가능성이 있는 미등 하우징 내의 전기 접점에서의 "저항 증가"라고 전미 고속도로 교통 안전 위원회 웹사이트 안내문에 적혀 있다.

---

ultimate
[ʌ́ltəmət]
ⓐ 최고의, 최상의

Auto designer Henrik Fisker is back with the ultimate American muscle car.
(from USA Today)
자동차 디자이너 헨릭 피스커가 최고의 미국 고성능 자동차를 가지고 돌아왔다.

---

taillight
[téillait]
ⓝ 자동차의 후미등

I watched the car until the taillights disappeared.
나는 후미등이 사라질 때까지 그 차를 지켜보고 있었다.

---

on the fritz
고장 난 상태인

My computer is on the fritz.
컴퓨터가 고장 났어.

0701 **increased**
[inkríːst]
ⓐ 증가한

Tom Brady of the New England Patriots is likely to have an increased role against the Detroit Lions. *(from USA Today)*
뉴 잉글랜드 패이트리어츠의 톰 브래디는 디트로이트 라이온즈를 상대로 예전보다 더 큰 역할을 하게 될 것 같다.

0702 **resistance**
[rizístəns]
ⓝ 저항, 저항력

House Republicans appear to be softening their resistance to an impending vote to raise the debt limit. *(from USA Today)*
공화당의원들은 부채한도를 올리는 것에 대한 투표가 임박해짐에 따라 그 투표에 대한 저항을 낮추는 것 같다.

0703 **electrical**
[iléktrikəl]
ⓐ 전기의

The fire was caused by an electrical fault.
그 불은 전기고장으로 인해서 일어났다.

0704 **housing**
[háuziŋ]
ⓝ 기계 부품을 덮는 단단한 덮개

The loosed housings caused the problem.
헐거워진 덮개가 그 문제를 일으켰던 거야.

0705 **go out**
(불이나 전깃불이) 꺼지다, 나가다

The lights suddenly went out.
불이 갑자기 나갔다.

0706 **notice**
[nóutis]
ⓝ 공고문, 안내문

Put up a notice about the housing.
주택에 관한 안내문을 붙이도록 해.

USA TODAY 08

A California woman pleaded not guilty to the first traffic citation alleging a motorist was using Google's computer-in-an-eyeglass. The device, known as Google Glass, features a thumbnail-size transparent display above the right eye. The technology will not be made widely available to the public until 2014, but defendant Cecilia Abadie was one of about 10,000 "explorers" who received the glasses earlier this year as part of a tryout.

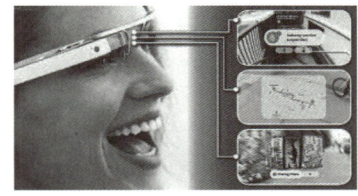

캘리포니아의 한 여성은 자신의 첫 교통위반에 대해서 무죄를 주장했다. 그녀의 주장은 승용차 운전자가 구글에서 나온 컴퓨터 장착 안경을 쓰고 있었다는 것이었다. 구글 안경이라고 알려진 그 도구의 특징은 오른쪽 눈 위에 엄지손톱 크기만한 투명 디스플레이가 장착되었다는 것이다. 그 기술은 2014년이 지나야 대중들에게 널리 사용될 것이다. 그러나 피고인 씨실리아 애버디는 올해 초 테스트용으로 그 안경을 받은 약 1만명의 실험자 중 한 사람이었다.

0707

plead
[pli:d]
ⓥ 애원하다, 법정에서 답변하다

Family and friends of 15-year-old Palestinian-American Tariq Abu Khdeir pleaded for his safe return to the U.S.
(from USA Today)

15세된 팔레스타인-미국인 Tariq Abu Khdeir의 가족과 친구들은 그가 미국으로 무사히 돌아올 수 있게 해달라고 애원했다.

0708

guilty
[gílti]
ⓐ 유죄의

The owner of English football club Wigan will resign if found guilty of racism.
(from USA Today)

영국 프로축구팀 위건의 소유주는 인종차별로 유죄가 판결되면 사임할 것이다.

0709

plead not guilty

유죄가 아니라고 답하다,
범행을 부인하다

Two teenagers charged in the shooting death of an Australian baseball player in Oklahoma have pleaded not guilty. *(from USA Today)*
오클라호마에서 일어난 호주 야구선수의 총기살해 사건으로 기소된 두 명의 10대는 범행을 부인했다.

0710

traffic citation

교통법규 위반으로 인한
범칙금 용지

He was issued a traffic citation for speeding.
그는 속도위반으로 범칙금 용지를 발부 받았다.

0711

motorist

[móutərist]
ⓝ 승용차 운전자

The FBI arrested a New Mexico sheriff and his son for threatening a motorist with a gun. *(from USA Today)*
FBI는 뉴멕시코 보안관과 그의 아들을 체포했다. 죄목은 승용차 운전자를 권총으로 위협했다는 것이다.

0712

device

[diváis]
ⓝ 장치, 기구

New device will help monitor Parkinson's patients *(from USA Today)*
새로운 기구가 파킨슨 환자들을 감시하는 데 도움을 줄 것이다.

0713

feature

[fí:tʃər]
ⓥ ~을 특징으로 삼다

The exhibition features paintings by Vincent van Gogh.
그 전시회는 빈센트 반 고흐의 그림을 전시하는 것이다.

0714

thumbnail

[θʌ́mneil]
ⓝ 엄지손톱

I used my thumbnail to tighten the screw on my glasses.
나는 엄지손톱으로 내 안경의 나사를 조였다.

0715 **transparent**
[trænspɛ́ərənt]
ⓐ 투명한

It is necessary for a thorough and transparent investigation to take place so the final conclusion is trustworthy.
(from USA Today)
철저하고 투명한 조사가 반드시 이루어져야 한다. 그래야 최종 판단을 믿을 수 있는 것이다.

0716 **available**
[əvéiləbl]
ⓐ 이용할 수 있는

Snapcash is only available in the U.S.
(from USA Today)
스냅캐쉬는 미국 내에서만 사용 가능하다.

0717 **defendant**
[diféndənt]
ⓝ 피고

The baby-faced defendant appeared in Kent County Circuit Court in handcuffs and wearing a dark blue T-shirt.
(from USA Today)
앳된 얼굴의 피고는 켄트 카운티 순회 재판소에 수갑을 찬 채로 짙은 파란색 티셔츠를 입고 나타났다.

0718 **explorer**
[iksplɔ́ːrər]
ⓝ 답사자, 탐사자, 베타 테스터

I was one of the explorers for the product.
난 그 상품의 베타테스터 중의 하나였다.

0719 **tryout**
[tráiaut]
ⓝ 시험해 보기, 테스트하기

Amazon.com gives its grocery delivery business a tryout. (from USA Today)
아마존닷컴은 식료품 배달사업을 시험해본다.

USA TODAY 09

Apple CEO Tim Cook spent 2013 fighting creeping concerns that the company has lost its innovation edge and hinting about new products that will take the Silicon Valley giant into exciting new categories. 2014 is the year he has to deliver, according to investors and analysts. While it was going to be impossible to replace the creative genius of Steve Jobs, Cook is increasingly seen as a smart operations leader, rather than a creative innovator.

애플의 CEO인 팀쿡은 2013년에 회사가 이미 개혁의 상대적 우위를 잃었다며 슬금슬금 파고드는 우려의 소리와 싸워야 했고 실리콘 밸리의 강자인 자사 애플을 새로운 범주로 이끌고 갈 새 제품들에 대한 암시를 계속 해왔다. 이제 2014년은 그가 약속을 지켜야 할 때라고 투자가들과 분석가들은 말한다. 창의적 천재 스티브 잡스를 대신하는 게 불가능할지라도 쿡은 점점 창의적 혁신가로서가 아니라 똑똑한 영업 리더로서 여겨지고 있다.

0720

creeping

[kríːpiŋ]

ⓐ 서서히 진행되는, 몰래 다가오는

Russia's media is struggling under a creeping crackdown. *(from USA Today)*
러시아의 대중매체는 몰래 서서히 닥치는 탄압 하에서 투쟁하고 있다.

0721

concern

[kənsə́ːrn]

ⓝ 우려, 걱정

We're facing the growing concern over inflation.
우리는 인플레이션에 대해서 점점 커지는 우려와 걱정에 직면해있다.

0722
[ìnəvéiʃən]
n 개혁, 혁신

We need innovation to stay competitive.
우리는 경쟁력을 유지하기 위해서 개혁이 절대로 필요하다.

0723
[edʒ]
n 우위, 유리함

How about employing more research teams to get an edge?
연구팀을 더 고용해서 우리가 우위를 점하는 건 어떨까요?

0724
[hint]
v 암시를 주다

Lionel Messi, who has always planned to end his career at Barcelona, is hinting that might not happen. *(from USA Today)*
라이오널 메시는 그 동안 늘 바르셀로나에서 선수생활을 마감하겠다고 했었지만 그러지 않을 수도 있다는 암시를 주고 있다.

0725
[dilívər]
v 약속을 지키다, 기대만큼의 결과를 내놓다

Don't make promises you can't deliver.
지키지 못할 약속은 하지 말아라.

0726
[invéstər]
n 투자자

Silicon Valley investor Marc Andreessen will step down from the board of eBay. *(from USA Today)*
실리콘밸리의 투자자인 마크 안드레센은 이베이의 이사진에서 물러날 것이다.

0727 analyst
[ǽnəlist]
ⓝ 분석가

Analysts predict 'cruel summer' for stocks. *(from USA Today)*
분석가들은 주식의 '잔인한 여름'을 예견하고 있다.

0728 replace
[ripléis]
ⓥ 대신하다

Who will replace David Letterman?
(from USA Today)
누가 데이빗 레터맨을 대신하게 될까?

0729 creative
[kriéitiv]
ⓐ 창의적인

Pope Francis tells an audience that the Big Bang does not contradict the "creative intervention of God".
(from USA Today)
교황 프란시스는 청중들에게 빅뱅은 "신의 창의적 중재"에 모순되지 않는다고 말한다.

0730 increasingly
[inkríːsiŋli]
ⓐⓓ 점점 더, 갈수록 더

He became increasingly animated.
그는 점점 더 활기차졌다.

0731 rather than
~보다는

He is more of a thinker rather than a doer.
그는 실천가이기보다는 생각하는 사람에 더 가깝다.

0732 innovator
[ínəvèitər]
ⓝ 혁신자

USA Today founder Al Neuharth was an innovator who stayed the course.
(from USA Today)
USA Today를 창간한 Al Neuharth는 어떤 어려움에도 굴하지 않는 혁신가였다.

USA TODAY 10

Macy's announced a series of cost-cutting moves that it said would generate savings of about $100 million annually. The retailer said it will lay off about 1.4% of its workforce, close some stores and open others, and combine its Midwest and North regions. About 2,500 people are expected to lose their jobs. However, the company said hiring will continue in some areas, such as online operations, keeping the workforce at its current level of about 175,000 employees.

메이시 백화점은 일련의 경비절감 조치들을 공식 발표했다. 그 조치들을 통해서 해마다 1억달러 정도를 절약하게 될 것이라고 말했다. 메이시에 의하면 전체 직원의 약 1.4%를 해고할 것이며 문을 닫는 가게, 그리고 새롭게 문을 여는 가게들이 있을 것이라고 한다. 그리고 중서부와 북부 지역을 결합할 예정이다. 이에 따라 약 2,500명 정도가 직장을 잃을 것으로 예상된다. 그러나, 메이시 측에 따르면 온라인 운용 같은 일정 분야에서의 고용은 계속될 것이며 직원은 지금의 수준인 약 175,000명선을 유지할 것이라고 했다.

0733 move
[muːv]
ⓝ 조치, 행동

They have made no move to resolve the conflict.
그들은 그 갈등을 해결하기 위한 조치를 전혀 취하지 않았다.

0734 savings
[séiviŋz]
ⓝ 절약된 금액

You need to make savings if you are to survive.
네가 생존하려면 돈을 절약해야 돼.

0735
annually
[ǽnjuəli]
ad 일년에 한 번, 해마다

The festival was held annually in December.
그 축제는 해마다 12월에 열렸다.

0736
retailer
[ríːteilər]
n 소매업자, 소매상

An apparent misunderstanding between a local retailer and a group of special needs students from Montgomery Public Schools ended with the children and a teacher being asked to leave and the store's parent company issuing an apology. *(from USA Today)*
그 지역의 한 지점과 그 가게를 방문한 몽고메리 퍼블릭 스쿨의 일단의 특수교육 대상자들 사이의 분명한 오해로 인해서 결국 학생들과 한 선생님은 가게에서 떠나줄 것을 요구 받았고 가게의 본사에서는 사과성명을 발표함으로써 끝났다.

0737
lay off
해고하다

Microsoft laid off 3,000 workers Wednesday, finishing a round of 18,000 layoffs that the company announced in July. *(from USA Today)*
마이크로소프트는 수요일에 3,000명의 직원을 해고시키며 지난 7월에 발표했던 1차 18,000명 해고를 마무리했다.

0738
close
[klouz]
v 폐업하다, 폐쇄하다, 문을 닫다

They decided to close the factory.
그들은 그 공장을 폐쇄하기로 결정했다.

0739 combine
[kəmbáin]
v 결합하다

Diets are most effective when combined with exercise.
다이어트는 운동과 결합될 때 가장 효과적이다.

0740 region
[ríːdʒən]
n 지역, 지방

10 Best Readers' Choice contest for 'Best Wine Region to Visit' *(from USA Today)*
10인의 최고 독자가 선정한 '방문할만한 최고의 와인 지역' 컨테스트.

0741 however
[hauévər]
ad 하지만, 그러나

It is a difficult problem, however, easy to solve.
그것은 어려운 문제지만, 풀기는 쉽다.

0742 hiring
[háiəriŋ]
n 고용

U.S. businesses were much less likely to boost pay in the third quarter than in previous months, even as hiring remained healthy. *(from USA Today)*
미국 사업체들은 전월에 비해서 3/4분기에 봉급을 인상시킬 가능성이 훨씬 낮았다. 고용 자체는 정상을 유지하고 있었는데도 말이다.

0743 such as
예를 들어 (~와 같은)

The White House has opposed efforts by states such as New York and New Jersey to quarantine civilians returning from West Africa. *(from USA Today)*
백악관은 뉴욕과 뉴저지 같은 주가 서 아프리카에서 돌아오는 민간인들을 격리시키고자 하는 노력을 그 동안 반대해왔다.

0744 **operation**
[ɑ̀pəréiʃən]
n 운용, 사업

I don't want to get involved in the operation.
나는 그 사업에는 연루되고 싶지 않아.

0745 **current**
[kə́:rənt]
a 현재의, 지금의

It's unlikely the Army will let him retire at his current rank, given the crimes Sinclair pleaded guilty to. *(from USA Today)*
육군에서는 신클레어가 유죄를 인정한 사실을 고려해볼 때 그의 현재 지위에서 그대로 은퇴하도록 내버려둘 것 같지는 않다.

0746 **employee**
[implɔ́ii:, èmplɔí:]
n 종업원, 직원

That's the day when Starbucks will relax its domestic dress code policy after months of internal discussion, debate and wrangling, the company announced Thursday in a letter to employees.
(from USA Today)
그 날은 바로 스타벅스가 자국의 드레스 코드정책을 완화시키는 날이다. 이는 몇 개월간의 내부 토의와 논쟁, 그리고 언쟁 후에 결정된 일이다. 스타벅스는 목요일에 이 사실을 서면으로 모든 직원들에게 통보했다.

USA TODAY 11

Lawyers for singer Chris Brown told a judge that he has rejected a plea deal on a charge that he hit a man outside a Washington hotel. One of Brown's lawyers said outside of court that attorneys rejected the deal because Brown is not guilty. Brown's lawyers said in court that they expect a trial date to be set at another hearing. Brown did not speak during the hearing, which lasted less than 10 minutes.

가수 크리스 브라운의 변호사들은 판사에게 브라운이 워싱턴호텔 밖에서 한 남자를 때렸다는 고발에 대해 사법거래를 거절했다고 전했다. 브라운의 변호사 중 한 사람은 법정 밖에서 말하기를 브라운은 죄가 없기 때문에 대리인들이 그 거래를 거절했다고 했다. 브라운의 변호사들은 법정 안에서 공판 기일은 다음 청문회에서 정해지기를 기대한다고 말했다. 브라운은 청문회가 진행되는 동안 아무런 말도 하지 않았다. 청문회는 채 10분도 되지 않아서 끝났다.

0747 **lawyer**
[lɔ́:jər lɔ́iər]
ⓝ 변호사

Happy lawyers are productive lawyers.
변호사가 마음이 편해야 생산적인 변호사이다.

0748 **judge**
[dʒʌdʒ]
ⓝ 판사

A federal judge approved a plan to end Detroit's historic Chapter 9 bankruptcy.
(from USA Today)
연방법원판사는 디트로이트의 역사적인 9장 파산법을 없애는 계획을 승인했다.

0749 reject
[ridʒékt]
- v 거부하다, 거절하다

California lawmakers rejected sugary drink warnings. *(from USA Today)*
캘리포니아 의원들은 단음료에 경고문을 부착하는 법안을 부결시켰다.

0750 plea deal
사법거래

I don't think the plea deal is fair.
나는 그 사법거래가 정당하다고 생각하지 않아.

0751 attorney
[ətə́:rni]
- n 변호사, 대리인

Her attorney issued a statement on her behalf asking for privacy as she grieves the loss of her 22-month-old son Cooper. *(from USA Today)*
그녀의 변호사가 그녀를 대신하여 성명서를 발표하였다. 자신의 22개월 된 아들 쿠퍼를 잃어서 비통한 마음이기 때문에 그런 자신의 프라이버시를 지켜달라는 요구였다.

0752 trial
[tráiəl]
- n 재판, 공판

He's on trial for treason.
그는 반역죄로 재판에 회부되어 있다.

0753 hearing
[híəriŋ]
- n 공판, 공청회

The public hearing is going be held next week.
공청회가 다음 주에 열릴 것이다.

USA TODAY 12

Barnes & Noble has named the head of its Nook business, Michael Huseby, as CEO. Huseby will take the role immediately, the company says. The post has been vacant since June when CEO William Lynch left the company. Huseby will take the helm of the New York company as it struggles to turn around results in an increasingly digital marketplace for books.

반즈 앤 노블은 눅크사업의 대표인 마이클 허즈비를 CED로 임명했다. 허즈비는 즉시 CEO직을 수행하게 될 것이라고 반즈 앤 노블은 말한다. CEO직은 지난 6월 당시 CEO 윌리암 린치가 회사를 떠난 후부터 계속 공석상태였다. 허즈비는 뉴욕에 위치한 반즈 앤 노블을 책임지고 점점 늘어나고 있는 서적의 디지털 시장에서의 호전된 결과를 끌어내기 위한 투쟁을 이끌 것이다.

0754 name
[neim]
v 지명하다, 임명하다

The Houston Texans will name Ryan Mallett the new starting quarterback.
(from USA Today)
휴스턴 텍산즈는 라이언 말렛트를 새로운 스타팅 쿼터백으로 지명할 것이다.

0755 role
[roul]
n 역할

Genetics certainly plays a role.
유전학이 분명히 한 역할 한다.

0756 immediately
[imí:diətli]
ad 즉시, 즉각

When the phone rings, answer it immediately.
전화벨이 울리면 즉각 받도록 해.

0757 post
[poust]
n 직책, 일자리

They could not find a suitable person to fill the post.
그들은 그 자리를 채울 적절한 사람을 찾을 수 없었다.

0758 vacant
[véikənt]
a 비어 있는

Obama debate camp is near vacant houses in Nevada. *(from USA Today)*
오바마의 토론 캠프는 네바다에 있는 빈 집들 근처에 있다.

0759 take the helm
책임을 지기 시작하다

Who's gonna take the helm at the food retailer?
그 식당은 누가 책임지고 운영해 나갈 것인가?

0760 struggle
[strʌgl]
v 투쟁하다, 몸부림치다

I struggled to understand what had happened.
나는 이미 일어났던 일을 이해해보려고 애를 썼다.

0761 turn around
돌리다, 호전시키다, 호전되다

The business has finally turned around.
그 사업은 마침내 호전되었다.

0762 result
[rizʌlt]
n 결과, 결실

It will deliver mind-blowing results in minutes.
그건 잠시 후에 놀랄만할 결과를 낳을 것이다.

0763
digital

[dídʒətl]
- ⓐ 디지털 (방식)의

A megascreen was lit up Tuesday night in front New York's Marriot Marquis hotel. It's billed as Times Square's biggest and most expensive digital billboard.
(from USA Today)

엄청나게 큰 스크린이 화요일 밤에 뉴욕의 메리어트 마키즈 호텔 앞에 밝혀졌다. 이것은 타임즈 스퀘어의 가장 커다란, 그리고 가장 비싼 디지털 광고판으로 묘사되고 있다.

0764
marketplace

[máːrkitpleis]
- ⓝ 시장

Travel is a necessary part of doing business in today's global marketplace.
(from USA Today)

여행은 오늘날 세계화된 시장에서 비즈니스의 필연적인 부분이다.

USA TODAY 13

A new Marriott in New York City is claiming to be the tallest single-use hotel building in North America. The Courtyard-Residence Inn Central Park is 750 feet high, according to Marriott spokeswoman. The hotel opened Dec. 29 at 1717 Broadway at 54th Street. It's 68 stories tall, with 378 rooms in the Courtyard hotel and 261 suites in the Residence Inn. The term single use means there are no private residences or offices in the building. Nightly rack rates will run around $300, the spokeswoman said.

뉴욕시에 새로 생긴 매리어트는 싱글유스 호텔로는 북아메리카에서 가장 높은 호텔건물이라고 한다. 이 코트야드-레지던스 인 센트럴 파크는 높이가 750 피트라고 매리어트 대변인은 말한다. 이 호텔은 12월 29일에 브로드웨이 1717번지 54가에 오픈했다. 총 68층이며 코트야드 호텔에는 378개의 객실, 레지던스 인에는 261개의 스위트룸이 구비되어 있다. 싱글 유스라는 단어의 의미는 건물 안에 개인 레지던스나 사무실이 없다는 것이다. 야간 객실료는 300달러 정도라고 대변인은 말했다.

 0765

claim

[kleim]

ⓥ 사실이라고 주장하다

The product claims that it can make you thin without dieting.
그 제품은 다이어트를 하지 않고도 날씬하게 만들어줄 수 있다고 주장한다.

 0766

courtyard

[kɔ́ːrtjàːrd]

ⓝ 뜰, 마당

There is jazz in the museum courtyard.
박물관 마당에서 재즈 공연이 있다.

0767 **residence**
[rézədəns]
ⓝ 주택, 거주지

His residence is 10 minutes away from here.
그의 거주지는 여기에서 10분 떨어져 있다.

0768 **story**
[stɔ́:ri]
ⓝ 건물의 층

A moving car, quick-thinking bystanders and a whole lot of grace helped a San Francisco window washer survive an 11-story fall, witnesses said.
(from USA Today)
움직이는 자동차, 민첩한 생각의 구경꾼들, 그리고 큰 은 총이 한 샌프란시스코의 창문 닦는 사람이 11층에서 떨어지고도 살아남을 수 있도록 도왔다고 목격자들은 말했다.

0769 **term**
[tə:rm]
ⓝ 용어, 말

I don't understand the terms he uses.
나는 그가 평소에 사용하는 용어들을 이해하지 못하겠어.

0770 **nightly**
[náitli]
ⓐ 밤마다 하는, 야간의

He hosts the nightly news program.
그는 밤의 뉴스 프로그램을 진행한다.

0771 **rack rate**
호텔 표준 객실료

Everyone wondered why nonrefundable rates are cheaper than the regular rack rates, even if the room is the same?
(from USA Today)
누구나 궁금했다. 환불되지 않는 요금은 왜 평상시의 호텔 객실요금보다 더 싼 것일까? 그것도 똑같은 방인데 말이다.

USA TODAY 14

Tobacco companies are a step closer to putting out "corrective statements" about their history of defrauding the American public by hiding the dangers of smoking, according to an agreement reached with the Department of Justice. The agreement was reached the day before the 50th anniversary of the surgeon general warning on tobacco and lung cancer, released Jan. 11, 1964.

담배회사들은 "정정 성명" 발표에 한 걸음 더 다가섰다. 흡연의 위험을 숨김으로써 미국 대중들을 사취해온 그들의 역사에 관한 정정 성명이다. 이 내용은 담배회사들이 사법부와 맺은 협정에 따른 것이다. 그 협정은 1964년 1월 11일에 발표된 담배와 폐암에 대한 의무감 경고 50년째 되는 바로 전 날에 맺어졌다.

0772
tobacco
[təbǽkou]
 담배

Tobacco plants may help fight Ebola, flu & more. *(from USA Today)*
담배는 열대 전염병인 에볼라 출혈열, 독감, 그리고 그 이상의 여러 가지 질병과 싸우는데 도움을 줄 수도 있다.

0773
put out
발표하다, 방송하다

They did not put out the statements as they had promised.
그들은 약속했던 대로 성명을 발표하지 않았다.

0774
corrective
[kəréktiv]
 바로 잡는, 수정의

He underwent corrective surgery.
그는 교정 수술을 받았다.

0775 defraud
[difrɔ́:d]
v 사취하다

We continue to maintain that Rebecca never intended to defraud anyone and never did defraud anyone. *(from USA Today)*
우리가 계속 주장하는 것은 레베카는 결코 누구도 사취할 의도가 없었다는 것이며 결코 실제로 누구도 사취하지 않았다는 것입니다.

0776 agreement
[əgríːmənt]
n 협정, 합의

Can you make an agreement that we will share the profits equally?
우리가 이익을 똑같이 나눌 거라고 합의할 수 있겠어?

0777 reach
[riːtʃ]
v ~에 이르다

The conclusion is not reached yet.
결론에 아직 도달하지 못했다.

0778 lung
[lʌŋ]
n 폐, 허파

Lung cancer can be a silent killer, often showing no symptoms until it's too late. *(from USA Today)*
폐암은 모르는 사이에 죽음에 이르는 병일 수 있다. 흔히 증세를 보이지 않다가 너무 늦은 시기에 발견된다.

0779 release
[rilíːs]
v 공개하다, 발표하다

The movie is being released next month.
그 영화는 다음 달에 발표될 예정이다.

USA TODAY 15

This week's "polar vortex" brought record-low temperatures across the country. The weather closed schools, canceled flights and even forced Chicago's resident polar bear to stay indoors at the zoo. But was it cold enough for Niagara Falls to freeze over? Not quite. Despite appearances, Niagara Falls did not freeze over completely. Certain sections of the waterfalls froze, but water is still flowing.

이번 주의 "극소용돌이"는 전국에 사상 최저의 기온을 초래했다. 날씨로 인해서 등교가 불가능했으며 비행기 출항이 취소되고 심지어 시카고에 사는 북극곰마저 동물원에서 강제적으로 실내에 머무르게 되었다. 그러나 그 추위가 나이아가라 폭포를 완전히 얼음으로 뒤덮을 정도였을까? 꼭 그렇지만은 않았다. 겉보기와는 달리 나이아가라 폭포는 완전히 얼음으로 덮이지는 않았다. 폭포의 어떤 부분들은 완전히 얼어붙었지만 물은 여전히 흐르고 있다.

0780
polar vortex
극소용돌이

This winter storm in the Midwest has been called a few things: polar vortex, bombogenesis, etc. *(from USA Today)*
중서부지방에 불어 닥친 이번 겨울 폭풍우는 몇 가지 이름으로 불려왔다: 극소용돌이, 극한 저기압발달 등.

0781
record low
사상 최저

The temperature reached a record low.
기온은 사상 최저에 이르렀다.

0782
flight
[flait]
 항공편, 항공기

The return flight will leave London at 8:20 a.m. and land in Philadelphia at 11:35 a.m. *(from USA Today)*
돌아오는 비행기는 런던을 오전 8시 20분에 떠나서 필라델피아에 오전 11시 35분에 착륙할 것이다.

0783
resident
[rézədnt]
ⓐ 거주하는, 상주하는

Many retired people are now resident in this area.
많은 정년퇴직자들은 지금 이 지역에 살고 있다.

0784
polar bear
북극 곰

Most polar bears live in areas that are barren and often impossible to travel to. *(from USA Today)*
대부분의 북극 곰들은 황량하고 흔히 여행하기 불가능한 지역에 산다.

0785
indoors
[indɔ́:rz]
ad 실내에서, 실내로

Why would Jennifer Aniston take the ice bucket challenge indoors and all over those hardwood floors? *(from USA Today)*
제니퍼 애니스턴은 왜 실내에서, 그것도 온통 견목으로 된 마루에서 아이스 버킷 도전을 할까요?

0786
freeze over
완전히 얼음으로 뒤덮이다

The pond froze over.
그 연못은 꽁꽁 얼어붙었다.

0787
completely
[kəmplí:tli]
ad 완전히, 전적으로

It's going to be a completely fresh experience.
그것은 완전히 신선한 경험이 될 거야.

0788
certain
[sə́:rtn]
ⓐ 어떤, 무슨, 어느 정도의

It's important to know certain rules when it comes to inheritance of an I.R.A. *(from USA Today)*
개인연금의 상속에 관한 한 어느 정도의 규칙을 알아두는 것은 중요하다.

0789

waterfall

[wɔ́:tərfɔ:l]

n 폭포

Watch a kayaker go over a waterfall wearing a helmet cam.
카야커가 헬멧 캠을 쓰고 폭포를 건너는 모습을 보라.

Apple reported solid fiscal first-quarter results, but the technology giant gave a weak forecast that sparked concern about future revenue growth and sent its shares down more than 5%. Apple reported fiscal first-quarter profit of $13.1 billion, or $14.50 per share, on revenue of $57.6 billion. The company's gross profit margin was 37.9% compared to 38.6% in the same period a year earlier.

애플은 탄탄한 1/4분기 재정 성과를 보고했다. 그러나 이 거물 기술업체는 다소 약한 전망을 내서 미래의 수익성장에 대한 우려를 낳았고 자사의 주식이 5% 이상 떨어지는 결과를 낳았다. 애플은 1/4분기 재정 이익이 131억 달러였다고 보고했다. 이는 주 당 14.50 달러에 해당되며 총 수익은 576억 달러이다. 애플의 총 이익 폭은 1년 전 같은 기간의 38.6%에 비해 37.9%였다.

0790

solid

[sɑ́lid]

ⓐ 알찬, 탄탄한

They have enjoyed five years of solid achievement.
그들은 5년 동안 탄탄한 성취를 이루었다.

0791

weak

[wiːk]

ⓐ 약한

He speaks fluently but he's weak on grammar.
그는 말은 유창하게 잘하는데 문법이 약해.

0792

forecast

[fɔ́ːrkæst]

ⓝ 예측, 예보

The weather forecast is good for tomorrow.
일기예보를 보니 내일 날씨는 좋다.

0793 **spark**
[spa:rk]
v 촉발시키다, 유발하다

Beer sales sparked violence concerns at World Cup. *(from USA Today)*
월드컵에서의 맥주 판매가 폭력사태에 대한 염려를 유발시켰다.

0794 **revenue**
[révənjù:]
n 수익, 수입

Delta Air Lines said Tuesday that a key financial figure rose last month because of strong revenue from flights within the USA and across the Atlantic.
(from USA Today)
델타 항공사의 화요일 발표에 의하면 주요 재정수치가 지난 달에 상승했다. 그 이유는 미국 내, 그리고 대서양을 횡단하는 비행기들의 강력한 수익 때문이었다.

0795 **share**
[ʃɛər]
n 주, 주식

Chinese e-commerce giant Alibaba (BABA) not only shook off its IPO malaise, but Tuesday became the latest stock to blow past $100 a share. *(from USA Today)*
중국 이 커머스의 거대기업인 알리바바(BABA)는 신규 상장 문제점들을 떨쳐낸 것은 물론, 화요일에는 한 주당 100 달러를 훌쩍 넘어가는 가장 최신 주가 되었다.

0796 **per**
[pə́:r]
prep 각, ~당[마다]

In this stunning video from filmmaker Chris Bryan, professional surfers are shot using Phantom cameras at 1000 frames per second. *(from USA Today)*
영화 제작자 크리스 브라이언이 찍은 이 멋진 비디오에서 전문 서퍼들은 초당 1000 프레임에 팬텀 카메라로 찍혔다.

0797

총 수익

As gross profit dollars continue to decline and cost cuts run their course, cash flow is likely to decline. *(from USA Today)*
달러 총 수익이 계속 감소하고 비용절감이 계속 이어지면서 현금유동성은 감소할 것 같다.

0798
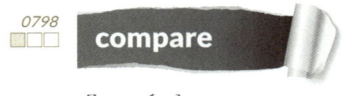
[kəmpɛ́ər]
Ⓥ 비교하다

About 40 percent of them use mobile phones to compare prices. *(from USA Today)*
그들 중 약 40%는 가격을 비교하기 위해서 휴대전화를 사용한다.

USA TODAY 17

The first Porsche car ever built was unveiled in Stuttgart, Germany. It had been sitting in an old shed in Austria since 1902. The car is, officially, the 1889 Egger-Lohner electric car model C.2 Phaeton. It's known as P1, signifying Ferdinand Porsche's first design. It is an electric-power car, developed by Ferdinand Porsche, who founded the namesake sports-car company in 1948. As a teenager with engineering aptitude but no formal engineering training, he was working for car builder Jacob Lohner, who assigned Porche to come up with an electric drivetrain.

지금까지 제작된 포르쉐 자동차 중에서 가장 먼저 제작되었던 포르쉐가 독일의 슈투트가르트에서 제막식을 가졌다. 그 자동차는 1902년 이래로 줄곧 오스트리아에 있는 낡은 보관창고 안에 세워져 있었다. 이 차는 공식적으로 모델 C.2 Phaeton인 1889 Egger-Lohner 전기자동차이다. 이 차는 P1으로 알려져 있으며 퍼디난드 포르쉐의 첫 번째 디자인을 의미한다. 이는 전기로 움직이는 자동차이며 퍼디난드 포르쉐에 의해서 개발되었고 그는 자기 이름과 같은 스포츠 카 회사를 1948년에 설립했다. 십대 시절에 엔지니어링에 소질을 보였지만 공식적인 교육을 받은 적이 없던 포르쉐는 자동차를 만드는 Jacob Lohner 밑에서 일했다. 로너는 포르쉐에게 전동구동계의 생산 책임을 맡겼다.

0799

shed

[ʃed]

ⓝ 보관장소, 창고

A homeowner found the serpent while cleaning out his shed. *(from USA Today)*
한 주택 소유자가 자신의 창고를 깨끗이 치우는 중에 그 뱀을 발견했다.

0800

signify

[sígnəfài]

ⓥ 나타내다, 보여주다

LeBron James' move could signify a new NBA business model. *(from USA Today)*
LeBron James의 움직임이 새로운 NBA 비즈니스 모델을 보여줄 수 있다.

0801 **found**
[faund]
Ⓥ 설립하다, 세우다

Henrik Fisker has quit as executive chairman of Fisker Automotive, the plug-in hybrid car company he founded in 2007. *(from USA Today)*
헨릭 피스커는 자신이 2007년에 설립한 플러그인 하이브리드 자동차 회사인 피스커 자동차의 회장자리를 그만두었다.

0802 **namesake**
[néimseik]
Ⓝ 동명이인, 이름이 같은 물건

He found his namesake bear in the magazine.
그는 잡지에서 그와 이름이 같은 곰을 발견했다.

0803 **aptitude**
[ǽptətjùːd]
Ⓝ 소질, 적성

He's president of the non-profit College Board, which produces the SAT, formerly known as the Scholastic Aptitude Test. *(from USA Today)*
그는 비영리 단체인 College Board의 대표이다. College Board는 이전에 학업적성 테스트로 알려졌던 SAT를 만드는 곳이다.

0804 **assign**
[əsáin]
Ⓥ 일이나 책임을 맡기다, 배정하다

He has assigned me the task of looking after them.
그는 내게 그들을 돌보는 일을 맡겼다.

0805 **come up with**
제안하다, 생산하다

Indianapolis is trying to come up with a better protection plan. *(from USA Today)*
인디아나폴리스는 좀 더 나은 방어계획을 만들어내려고 애를 쓰고 있다.

Drivers under age 25 still see their cars as mirrors of their personality, a new survey finds. One of three say they "completely agree" that they like their vehicle to stand out from the crowd, the new survey by J.D. Power and Associates finds, significantly higher than the one of five across all age groups. Younger drivers are twice as likely to agree with the statement that other drivers can tell a lot about them by their vehicle.

25세 이하 운전자들은 여전히 자신의 차를 자기 개성의 거울로 바라본다고 새로운 설문조사에 의해서 밝혀졌다. 3명 중 한 명은 자신의 차량이 다른 차량들 사이에서 두드러지기를 원하느냐는 질문에 강력히 동의했다고 J.D. Power에서 진행한 새로운 설문조사에서 밝혀졌다. 이는 모든 연령대를 망라했을 때 다섯 명 중 한 명이 동의한 것에 비하면 월등히 높은 치수이다. 상대적으로 어린 운전자들이 두 배 정도 많이 동의한 항목은 다른 운전자들이 자신의 차량으로 인해서 자기에 대해서 이야기를 많이 할 수 있다는 내용이었다.

0806
mirror
[mírə(r)]
 거울 같은 것, 반영하는 것

The polls can be a mirror of public opinion.
여론조사는 대중 의견의 거울일 수 있다.

0807
survey
[sə́rvei]
 설문조사

The survey showed that people do not trust the media.
설문조사에 의하면 사람들은 대중매체를 신뢰하지 않는다.

0808

두드러지다

Illnesses stand out in all childhood memories.
어린 시절 기억들 중에는 아팠던 게 가장 두드러진다.

0809

[signífikəntli]
ad 상당히

Companies haven't raised wages significantly because they haven't had to. When unemployment is high, workers are grateful for the jobs they have.
(from USA Today)

회사들은 임금을 많이 올리지 않았다. 그럴 필요가 없었기 때문이었다. 실업률이 높을 때 노동자들은 자신들이 하고 있는 일에 감사한다.

USA TODAY 19

After executing his powerful uncle last month, North Korean dictator Kim Jong Un took his purge to an extreme degree by putting to death almost all the uncle's direct relatives, including children, said an unconfirmed report by the South Korean news agency Yohnap. If the wave of killings is ever confirmed, it suggests Kim's brutality exceeds even that of his father and grandfather, his predecessors in power, said one North Korea expert. The move also reveals Kim's fear of opposition forces, said Hong Kwan-hee, a professor in the Department of North Korea Studies at Korea University.

그의 강력한 삼촌을 지난 달에 처형한 후에 북한의 독재자 김정은은 숙청의 수위를 극도로 높여서 삼촌의 직계 혈연 친척들을 거의 모두 숙청했다. 여기에는 아이들도 포함된다고 남한의 연합통신에 의한 미확인 보도를 통해 알려졌다. 이런 숙청의 물결이 확인되면 그것은 바로 김정은의 만행이 그의 아버지(김정일)와 할아버지(김일성), 그리고 다른 권력 전임자들의 만행보다 훨씬 앞서는 것이라고 한 북한 전문가가 말했다. 이런 살인 만행은 또한 자신의 반대세력에 대한 김정은의 두려움의 폭로라고 고려대 북한연구학과의 홍관희 교수가 말했다.

0810

execute

[éksikjù:t]

ⓥ 처형하다, 사형하다

He was executed for a political crime.
그는 정치적 범죄로 사형당했다.

0811

powerful

[páuərfəl]

ⓐ 영향력 있는, 강력한

A powerful typhoon struck the southern Japanese islands of Okinawa on Tuesday.
(from USA Today)
강력한 태풍이 화요일에 오키나와의 남부 일본 섬들을 강타했다.

0812
dictator
[díkteitər]
n 독재자

Calling North Korean dictator Kim Jong Un his "friend for life," defiant Dennis Rodman arrived in Beijing from Pyongyang. *(from USA Today)*
북한의 독재자 김정은을 자신의 "평생 친구"라고 부르는 반항아 데니스 로드맨이 평양으로부터 베이징에 도착했다.

0813
extreme
[ikstríːm]
a 극심한, 지나친, 심각한

You need to use extreme caution with chemicals.
극도로 조심해서 화학물질을 다루어야 해.

0814
degree
[digríː]
n 정도

To what degree is unemployment society's fault?
실업에는 사회의 잘못이 어느 정도나 차지할까요?

0815
including
[inklúːdiŋ]
prep ~을 포함하여

The price is $28, including postage and packing.
우편요금과 포장까지 포함해서 가격은 28달러입니다.

0816
unconfirmed
[ʌnkənfə́ːrmd]
a 확인되지 않은, 미확인의

There were unconfirmed reports of at least two more wounded by gunfire. *(from USA Today)*
확인되지 않는 보도에 의하면 총격에 의해서 적어도 두 명은 더 부상을 당했다.

0817
brutality
[bruːtǽləti]
n 잔인함, 야만성

I even don't want to think of the brutalities of war.
나는 전쟁의 잔인함은 생각조차 하기 싫어.

0818
exceed
[iksíːd]
ⓥ 넘다, 초월하다

PC shipments in the second quarter of 2014 exceeded expectations.
(from USA Today)
2014년 2/4분기 PC 수송은 기대치를 넘어섰다.

0819
predecessor
[prédəsèsər]
ⓝ 전임자

This Canon is smaller, lighter, faster, brighter and generally better than its predecessor. *(from USA Today)*
이 캐논 카메라는 전 모델보다 더 작고, 더 가벼우며, 속도가 더 빠르고 색깔이 더욱 선명하며 전체적으로 더 낫다.

0820
in power
권력의 자리에 있는, 정권을 쥐고 있는

People have shown their support for the party in power.
사람들은 집권당을 지지했다.

0821
expert
[ékspəːrt]
ⓝ 전문가

Deal expert Matt Granite gives you the real story on deal traps not to fall for.
(from USA Today)
거래 전문가 매트 그래나이트가 우리가 속아넘어가지 말아야 할 거래함정의 실제 이야기를 해준다.

0822
reveal
[rivíːl]
ⓥ 드러내다, 폭로하다

Blood test might reveal suicide risk.
(from USA Today)
혈액검사가 자살의 위험을 알려줄 수도 있다.

0823 **opposition**
[àpəzíʃən]
n 반대, 야당, 대립

I can't deal with the opposition from them.
나는 그들의 반대를 감당할 수가 없어.

0824 **fear**
[fiər]
n 두려움, 공포

I have a friend who works for an entrepreneur and he is scared to go on vacation for fear that when he returns his job had been given to someone else.
(from USA Today)

한 사업가 밑에서 일하는 제 친구가 있습니다. 그는 휴가 가기를 두려워합니다. 휴가를 끝내고 돌아왔을 때 자기가 할 일이 다른 사람에게 이미 주어졌을지 모른다는 두려움 때문입니다.

0825 **force**
[fɔ:rs]
n 세력, 힘, 무장 병력

The riots were suppressed by government forces.
폭동은 정부군에 의해서 진압되었다.

Sprint, the third-largest wireless company in the U.S., is expected to announce "very disruptive" cheaper pricing plans this week, according to several reports out late last week.

Sprint's new CEO, Marcelo Claure, outlined his three priorities: reduce prices, improve the network and decrease operational costs.

미국에서 세 번째로 큰 무선통신회사 스프린트는 "대단히 지장을 줄만한" 값싼 가격정책을 이번 주에 공식 발표할 예정이라고 지난 주 말에 몇몇 보도가 나왔다. 스프린트의 새로운 CEO인 Marcelo Claure는 그의 세 개 우선사항의 윤곽을 설명했다: 가격절감, 네트워크 향상, 그리고 업무비용의 감소, 이 세 가지이다.

0826 wireless
[wáiərlis]
ⓐ 무선의

AT&T will buy Mexican wireless company Iusacell for $2.5 billion including debt.
(from USA Today)
AT&T는 멕시코 무선통신사 Iusacell을 부채 포함하여 25억달러에 살 것이다.

0827 disruptive
[disrʌ́ptiv]
ⓐ 지장을 주는

Stay away from people who have a disruptive influence on you.
너에게 지장을 주는 사람들과는 가까이 다니지 말아라.

0828 price
[prais]
ⓥ 가격을 매기다, 가격을 정하다

The tickets are priced at $9 each.
그 표는 장당 9달러로 가격이 매겨져 있다.

0829 outline
[áutlain]
ⓥ 윤곽을 보여주다, 개요를 서술하다

LAX officials outlined emergency response improvements. *(from USA Today)*
로스앤젤리스 국제공항의 임원들은 비상대응 향상의 개요를 설명했다.

0830 priority
[praiɔ́ːrəti]
ⓝ 우선사항

Our top priority is to rescue the girls. *(from USA Today)*
우리가 해결해야 할 최우선 과제는 여자아이들을 구하는 것입니다.

0831 reduce
[ridjúːs]
ⓥ 줄이다, 낮추다

They have been working together for years to reduce fatal accidents in small aircraft. *(from USA Today)*
그들은 작은 항공기들의 치명적인 사고를 줄이기 위해서 오랫동안 함께 일해왔다.

0832 decrease
[dikríːs]
ⓥ 줄다, 줄이다, 감소시키다

We should decrease our reliance on oil.
우리는 기름에 의존도를 줄여야 돼.

0833 operational
[àpəréiʃənl]
ⓐ 운영상의, 업무의

Come up with ideas to decrease operational costs.
업무비용을 감소시킬 수 있는 아이디어들을 내도록 해봐.

USA TODAY 21

A glowing comet barreled past Mars at some 126,000 mph today, its core of ice and dust barely missing the Red Planet and Mars's flotilla of costly scientific spacecraft. Comet Siding Spring, a cosmic leftover of the planet-building process, veered 16 times closer to Mars than any comet has come to Earth in recorded history.

빛나는 혜성이 오늘 시속 126,000 마일의 속도로 화성을 쏜살같이 지나갔다. 중심부가 얼음과 먼지로 된 이 혜성은 화성과 그 소함대인 비싼 과학 우주선을 가까스로 비켜 지나갔다.

행성형성 과정에서 생기는 우주 잔재인 혜성 Siding Spring은 역사에 기록된 바에 따르면 지구로 날아든 그 어떤 혜성보다도 화성에 16배 가깝게 방향을 틀었던 것이었다.

0834
glow
[glou]
ⓥ 빛나다, 타다

Let the lamp glow a little dimly.
스탠드 불을 약간 희미하게 해봐.

0835
comet
[kámit]
ⓝ 혜성

We have fingers crossed for the first images of a comet from the surface of another world. *(from USA Today)*
우리는 다른 세계의 표면으로부터의 혜성의 첫 이미지가 잘 잡히기를 간절히 바라고 있습니다.

0836
barrel
[bǽrəl]
ⓥ 쏜살같이 질주하다

A vehicle barreled past my car and crashed into his car. *(from USA Today)*
차량 한 대가 쏜살같이 내 차를 지나가더니 그의 차를 들이 받았다.

0837

[bέərli]
ad 간신히, 가까스로

A small plane that had engine trouble at 6,000 feet and couldn't make it back to the Bend Airport has crashed in a field, but the father and son aboard barely escaped serious injury. *(from USA Today)*
작은 비행기가 6,000피트 상공에서 엔진에 문제를 일으켜 Bend Airport로 돌아가지 못하고 들판에 추락했다. 그러나 탑승하고 있던 아버지와 아들은 심각한 부상을 가까스로 모면했다.

0838

[kɔ́:stli]
a 많은 비용이 드는

The bag must be extremely costly to buy.
그 가방을 사려면 정말 비쌀 거야.

0839

[spéiskræft]
n 우주선

NASA launched an unmanned spacecraft to Jupiter Friday. *(from USA Today)*
나사는 금요일에 무인우주선을 목성으로 보냈다.

0840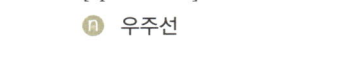

[kázmik]
a 우주의

Those cosmic pictures are amazing.
그 우주사진들은 정말 대단하다.

0841

[léftouvər]
n 잔재

The building is a leftover from the Victorian era.
그 건물은 빅토리아시대의 잔재이다.

0842

[viər]
Ⓥ 방향을 확 틀다, 방향을 바꾸다

A right front tire problem caused him to lose control and veer onto the right shoulder of the road. *(from USA Today)*
오른쪽 앞 바퀴에 문제가 생겨서 그는 중심을 잃고 길의 오른쪽 갓길로 방향을 틀게 되었다.

0843

[rikɔ́:rd]
Ⓥ 기록하다

You should record what he says.
그가 하는 말은 다 기록해놔.

voca TEST

 다음 보기 중 빈칸에 맞는 단어를 찾아 쓰시오.

보기	resistance	crucial	defrauding	prompted	aptitude
	influential	rejected	transparent	exceeds	potential

1. CEO Tim Cook and his lieutenants will be in San Francisco that day to announce a slew of refreshed gadgets before the _____ holiday shopping season gets underway.

2. Nelson Mandela's death _____ an outpouring of grief from world leaders and others who honored the beloved South African leader's life and legacy.

3. The problem involves "increased _____" at electrical contact points in the taillight housings that can cause the taillights to go out.

4. Lawyers for singer Chris Brown told a judge that he has _____ a plea deal on a charge that he hit a man outside a Washington hotel.

5. Tobacco companies are a step closer to putting out "corrective statements" about their history of _____ the American public by hiding the dangers of smoking.

6. If the wave of killings is ever confirmed, it suggests Kim's brutality _____ even that of his father and grandfather, his predecessors in power.

7. The device, known as Google Glass, features a thumbnail-size _____ display above the right eye.

8. We've lost one of the most _____, courageous, profoundly good people to be on this Earth.

9. The rest of the media has been buzzing about _____ Grey suitors as the film's Nov. 1 production start date looms.

10. As a teenager with engineering _____ but no formal engineering training, he was working for car builder Jacob Lohner, who assigned Porche to come up with an electric drivetrain.

정답 1. crucial 2. prompted 3. resistance 4. rejected 5. defrauding 6. exceeds 7. transparent 8. influential 9. potential 10. aptitude

다음 단어에 해당하는 뜻을 찾아 선을 그으시오.

1. slew — ❸ a large number or quantity
2. portray — ❺ to act the part of a character in a play, film, or television program
3. curved — ❶ having a shape that is like a curve and not straight
4. convict — ❷ to prove or officially announce that someone is guilty of a crime after a trial in a law court
5. sentence — ❹ give a punishment
6. replace — ❽ to start doing something instead of another person, or start being used instead of another thing
7. vacant — ❿ available for someone to start doing
8. forecast — ❻ a description of what is likely to happen in the future, based on the information that you have now
9. decrease — ❼ to become less or go down to a lower level, or to make something do this
10. barrel — ❾ to move very fast, especially in an uncontrolled way

정답 1-❸ 2-❺ 3-❶ 4-❷ 5-❹ 6-❽ 7-❿ 8-❻ 9-❼ 10-❾

250

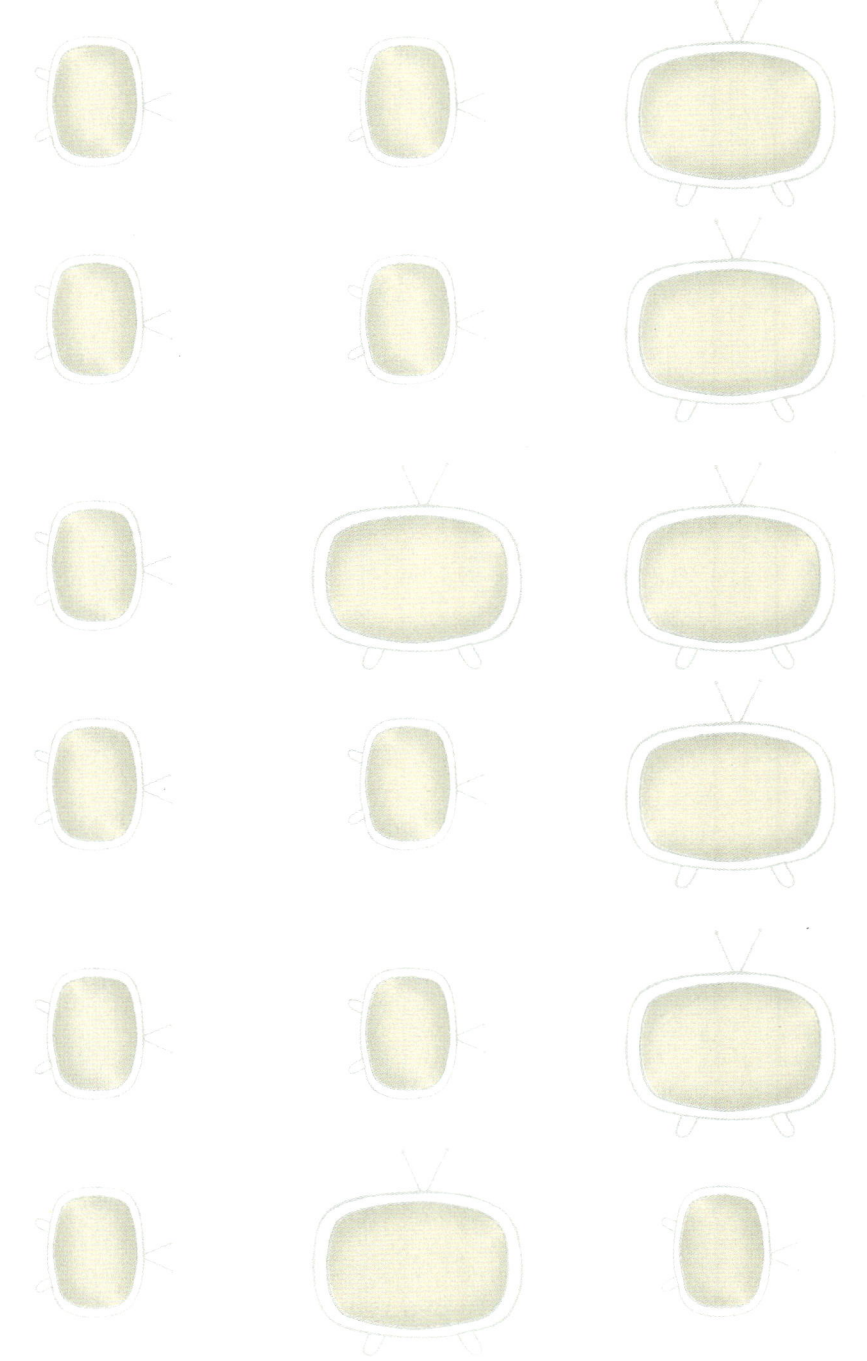

TIME INC. | TIME | PEOPLE | FORTUNE | SPORTS ILLUSTRATED | ENTERTAINMENT WEEKLY | MONEY | GOLF

TIME

Subscribe

LATEST | MAGAZINE | VIDEOS

DOW	17382.84	–	–
NASDAQ	4623.537	-15.27	-0.33%
S&P 500	2012.1	-5.71	-0.28%

JUST POSTED

2 Candidates With Criminal Concerns Past and Present Had 2 Different Endings

What the House Midterm Results Meant

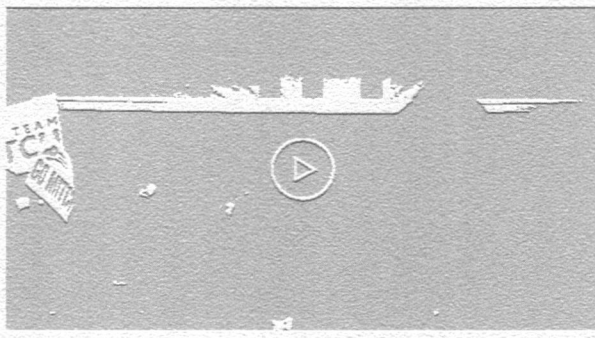

THE BRIEF

What's Next for Republicans

Republicans won a decisive victory Tuesday night, winning at least 52 seats to gain control of the Senate for the first time since 2006. Now comes the hard part: governing with President Barack Obama and positioning the party for 2016.

- Republicans Win the Senate
- What the House Midterm Results Meant
- The Weirdest Moments of Election Day 2014

Requests for FB User Data Spike
Government requests for user information rose by 24% between the second half of 2013 and the first half of 2014, according to a new report.

Dunham Lawyers Threaten to Sue
Lena Dunham's lawyers have threatened a suit over an article claiming that a passage from her new memoir indicates she had sexually abused her sister.

Erdogan's Palace Is Costing Turkey $615 Million
For years, the former Turkish Prime Minister had been accused of abusing taxpayers' money when he helped design the extravagant, 1,000-room building known as the White Palace, which is over 30 times the size of the White House and four times that of Versailles

ENTERTAINMENT

OITNB Star Lea Preaches a Hom

FEATURED

JAMES
Cab
Mid

MICHAEL SCHERER
How This Election N
Post-Partisan Drea

JESSICA BENNETT
Lena Dunham and
Vitriol of the Sister

PETER SAGAL
Laughing With Cor

CHARLOTTE ALTER
Joni Ernst Missed th
the Taylor Swift Cor

NANCY GIBBS
A Response to Last

KAREEM ABDUL-JABBA
American Politician
to Democracy Than

Taylor Swift's 1989 Sells 1,287 Million Copies in Its First Week

School Accidentally Tells Parents That All 717 Students Have Gone Missing

Voters Lit Up for Marijuana in the Midterms

WE RECOMMEND

 Republicans Win Big in Governors' Races, Too

 Republicans Rule House and Senate for First Time in 8 Years

 Andrea Mitchell: 'President Obama Was a Drag'

Brain, Child: To the Furious Mom in the Target Parking Lot

Strombo Speaks Out On Ghomeshi Scandal On CBC Radio 2 Show, Calls for A 'Safe Space' For Victims

 Republicans take control of Senate in midterm elections

At the midpoint of 2014, the NFL's best and worst free-agent signings

Target Jumps on #AlexFromTarget Bandwagon

NEWSFEED

THE BRIEF
VIEW EXAMPLE | Email | SUBMIT

C-3PO Says Star Wars: Episode VII May Be Best Sequel
Star Wars alum Anthony Daniels took to Twitter to share his excitement about Star Wars, Episode VII, the first installment of a sequel trilogy in which he'll reprise his role as the voice of C-3PO. Daniels hinted that the new film may be better than Empire Strikes Back

Amnesty International Accuses Israel of War Crimes
The Israeli Ministry of Foreign Affairs denied the accusations, adding that "investigations are currently underway by several bodies, inside and outside the Israel Defense Forces, into over 90 incidents" that occurred during the war against Hamas in Gaza this summer

Taylor Swift's 1989 Has a Huge Week
Swift's chart-topping album sold 1.287 million copies in its first seven days of release — that's more copies in a week than any other album since 2002, when rapper Eminem shifted 1.322 million copies in a week of The Eminem Show

Laura Dern and Judd Apatow Collaborate on TV Comedy
The unnamed project about obsessive female football fans, produced for Universal Pictures, by Apatow's production company, also enlisted South Park writer Pam Brady to write the screenplay and Bridesmaids producer Barry Mendel

Vikings' Peterson Pleads No Contest to Misdemeanor
Per terms of the agreement between Peterson and the prosecution, the plea makes no reference to family violence or violence against a minor. Peterson must pay a $4,000 fine, will be placed on probation, and will be ordered to perform 80 hours of community service

IN THE MAGAZINE

Joe Biden's Perks

5 Things to Watch

The World Health O Under Fire for Failu

The Last Men of St

Eddie Redmayne Is Stephen Hawking

TIME
news voca master

05

0844~1057

TIME 01

It was going to take a moment of brilliance or breakdown to decide the World Cup final between Argentina and Germany, clearly the two best teams in the tournament, both tactically watertight from beginning to end. That brilliant moment would come in the second period of extra time, at 122:22, when German substitute Mario Götze ghosted behind Argentina's central defender Martín Demichelis to collect a cross from André Schürrle — a substitute for a substitute — and direct the ball into the net for a 1-0 German win. It was Germany's fourth World Cup title, its first since 1990.

탁월함, 또는 붕괴의 순간을 통하여 아르헨티나와 독일 사이의 월드컵 결승전 승자가 결정될 예정이었다. 이 두 팀은 분명히 토너먼트 최고의 팀이었으며 두 팀 모두 전술적으로 처음부터 끝까지 물샐 틈 없는 실력을 보여주었다. 그 탁월함이 빛을 발하는 순간은 연장후반 122분 22초가 지난 순간에 다가올 예정이었다. 독일의 교체선수 마리오 궤체가 아르헨티나의 중앙 수비수 마틴 드미첼리스의 뒤를 소리 없이 따라다니다가 교체선수를 대신해서 또 교체선수로 들어온 안드레 쉬렐의 크로스를 받아 그 공을 직접 골문 안으로 차 넣음으로써 독일의 1대 0 승을 이끌었다. 그것은 독일의 네 번째 월드컵 타이틀이었으며 1990년 이후 첫 타이틀이 되었다.

0844

brilliance

[bríljəns]

ⓝ 탁월, 걸출, 뛰어난 능력

I was surprised at his brilliance as an artist.
나는 그의 화가로서의 걸출한 능력에 놀랐다.

0845

breakdown

[bréikdaun]

ⓝ 실패, 붕괴

I don't know what caused the breakdown of the economy.
나는 무엇 때문에 경제가 무너지게 된 것인지 그 원인을 모르겠다.

0846 clearly
[klíərli]
ad 분명히

There's clearly something wrong with a justice system. *(from TIME)*
분명히 사법제도에 문제가 있다.

0847 tactical
[tǽktikəl]
a 전술상의, 전술적인

He was substituted for a tactical reason.
그는 전술적인 이유로 교체되었다.

0848 watertight
[wɔ́:tərtait]
a 빈틈없는, 물이 새지 않는

I found his alibi watertight.
그의 알리바이는 빈틈이 없었다.

0849 substitute
[sʌ́bstətjù:t]
n 교체 선수

We couldn't find a substitute for him.
우리는 그를 대신할 교체선수를 찾을 수 없었다.

0850 ghost
[goust]
v 소리 없이 움직이다

Something seemed to ghost behind me.
뭔가가 유령처럼 내 뒤를 소리 없이 따라오는 것 같았다.

0851 collect
[kəlékt]
v 받다, 수금하다

He failed to collect medals for the first time.
그는 처음으로 메달 따는 데 실패했다.

0852 **cross**

[krɔːs]
n 크로스 패스

Beckham's cross was spectacular, but Gerrard couldn't score a goal.
베컴은 기막히게 크로스 패스를 했지만 제라드는 골을 기록하지 못했다.

0853 **direct**

[dirékt, dai-]
v 보내다, 겨냥하다

Direct your efforts more toward your project.
네 노력을 네 프로젝트에 더욱 더 쏟아봐.

TIME 02

No one believes that a disease as complicated as Alzheimer's can be warded off by an apple a day or by faithfully hitting the weight room. But a breakthrough study presented at the Alzheimer's Association International Conference shows that after just two years, people who underwent lifestyle interventions showed improvements in their mental functions, including in memory, executive function and speed tests of their cognitive skills.

아무도 믿지 못합니다. 치매 같은 복잡한 병을 매일 사과 하나를 먹거나 충실히 체육관에 다님으로써 막을 수 있다는 사실을 말입니다. 하지만 오랜 연구를 통해서 치매협회 국제학회에서 밝혀진 새로운 사실은 겨우 2년 만에 자신의 생활방식에 변화를 꾀한 사람들이 정신적 기능상태에 향상을 보였다는 것입니다. 이 정신적 기능상태에 포함되는 것은 기억력, 일의 실행 기능, 그리고 인지 기술의 속도 테스트입니다.

0854
complicated
[kÁmpləkèitid]
ⓐ 복잡한

Scarlett Johansson says being famous is 'much more complicated now'.
(from USA TODAY)
스칼렛 요한슨은 지금 시대에 유명하다는 것은 예전과 비교해서 훨씬 더 복잡한 면이 있다고 말한다.

0855
ward off
피하다, 막다

Israel added 1,000 police officers in an effort to ward off what could become a third Palestinian *intifade*, or uprising.
(from New York Times)
이스라엘은 1,000명의 경찰병력을 추가했다. 이것은 세 번째 팔레스타인 폭동이 될 수 있는 것을 막기 위한 노력이었다.

0856 faithfully
[féiθfəli]
ad 충실히, 열심히

Anne Frank documented her life faithfully in her diary during that time. *(from USA TODAY)*
안네 프랑크는 자신의 일기에 그 기간 동안의 일들을 상세히 기록했다.

0857 hit
[hit]
v 어떤 장소에 이르다

You should hit the building in time for the meeting. *(from USA TODAY)*
너 회의시간에 맞추어서 그 건물에 도착해야 돼.

0858 weight room
체육관, 체력 단련실

I couldn't make it to the weight room.
체육관에 시간에 맞추어서 도착할 수가 없었어.

0859 breakthrough
[breíkθru:]
n 돌파구, 새로운 중요한 발견

They have made a major breakthrough in the treatment of cancer.
그들은 오랜 연구 끝에 암 치료에 있어서 새로운 중요한 발견을 했다.

0860 present
[prizént]
v 제시하다, 제출하다, 발표하다, 보여주다

The opera will present a new production of Verdi's tragedy "Un Ballo in Maschera." *(from New York Times)*
그 오페라는 새로 제작된 베르디의 비극 "가면 무도회"를 보여줄 것이다.

0861 undergo
[ʌndergóu]
v 겪다, 경험하다, 받다

Serena Williams said she plans to undergo further medical testing and would not compete under similar conditions again. *(from USA TODAY)*
세레나 윌리엄즈는 건강검진을 더 자세히 받아볼 계획이며 지금까지와 비슷한 건강상태에서는 다시 시합에 나가지 않을 것이라고 말했다.

0862 intervention

[ìntərvénʃən]

n. 개입, 간섭, 중재

Their intervention was a disaster.
그들은 중재한다고 했지만 오히려 더 큰 화가 되었다.

0863 improvement

[imprú:vmənt]

n. 향상, 개선

The result wasn't what we wanted, but I'm happy with the improvement that I saw from my team.
(from USA TODAY)
결과는 우리가 원했던 게 아니었지만 우리 팀이 향상된 모습을 보였기 때문에 만족합니다.

0864 mental function

정신적 기능상태

A concussion can cause disruption in normal mental function.
뇌진탕은 정상적인 정신기능의 붕괴를 일으킬 수 있다.

0865 executive function

집행기능, 실행기능

I think we need executive functions.
우린 지금 집행기능이 절실히 필요해.

0866 cognitive skill

인지 기술

We're going to observe the children's cognitive skills.
우리는 아이들의 인지기술을 관찰할 것이다.

TIME 03

Online dating—as well as regular dating—is a very segregated activity, but a new study suggests that it may not take much to break racial and ethnic barriers. As much as we like to think that America is a post-racial society, Americans still prefer to date someone from their race. Studies have shown that this preference is stronger than almost any other when it comes to finding mates, although it's not entirely clear why.

온라인 데이트는 - 일반적인 데이트와 마찬가지로 - 대단히 인종 차별적인 행위입니다. 그러나 새로운 연구에 의하면 온라인 데이트는 많은 조건 없이 인종과 민족적 장벽을 허물 수 있다고 합니다. 미국은 인종차별 사회가 아니라고 생각하고 싶은 만큼 미국인들은 여전히 그들과 같은 종족과 데이트하는 것을 선호합니다. 연구조사결과에 의하면 이런 선호도는 배우자를 찾을 때 그 어떤 조건보다도 더 강력합니다. 하지만 그 이유는 아주 분명하지는 않습니다.

0867
segregated

[ségrəgèitid]
 격리된, 인종 차별의

New York's public schools are the most racially segregated in the nation, according to a recent report.
(from USA TODAY)
뉴욕 공립학교들이 미국 전역에서 인종차별이 가장 심하다고 최근에 보고 되었다.

0868
activity

[æktívəti]
 활동, 활발한 움직임

Regular physical activity helps to control your weight.
규칙적인 신체활동이 몸무게 조절에 도움이 된다.

0869 racial
[réiʃəl]
@ 인종간의

The cities plan to share best practices and research on improving racial and disciplinary disparities. *(from USA TODAY)*
그 도시들은 인종간의, 그리고 징계의 불공평 문제를 해결해나가는 부분에서 최고의 실천과 연구를 공유할 계획이다.

0870 ethnic
[éθnik]
@ 민족의

They are from a variety of ethnic backgrounds.
그들은 다양한 민족적 배경을 갖고 있다.

0871 barrier
[bǽriər]
® 장벽, 장애물

Apple's shares have had an impressive run this year, but topping the $600 barrier is an elusive target so far. *(from USA TODAY)*
애플 주식은 올해 인상적인 폭등세를 경험했는데 600달러의 장벽을 넘는 건 지금까지 이루기 힘든 목표이다.

0872 post-racial
[póustréiʃəl]
@ 인종차별이 없는

I want to live in a post-racial society.
나는 인종차별이 없는 사회에서 살고 싶어.

0873 prefer
[prifə́:r]
® ~을 더 좋아하다, 선호하다

Early exposure to certain types of food can influence children to prefer those same foods as they grow up. *(from TIME)*
어려서 특정 음식에 노출된 어린이는 성장하면서 그와 똑같은 음식을 선호하게 될 수 있다.

0874 preference
[préfərəns]
® 선호, 선호도

No man are given preference on account of wealth or stature. *(from TIME)*
누구도 부나 사회적 위치로 인한 특혜가 주어지지 않는다.

0875
when it comes to
~에 관한 한, ~에 있어서는

Employers could do far better *when it comes to* hiring. Here's how. *(from TIME)*
고용주들은 직원고용에 있어서 훨씬 더 능률적으로 잘할 수 있을 겁니다. 여기 그 방법이 있습니다.

0876
mate
[meit]
n 배우자, 친구

Going off the pill could affect how attracted you are to your *mate*. *(from TIME)*
피임약을 복용하지 않으면 배우자에게 매력을 느끼는 정도와 상태가 달라질 수 있다.

0877
although
[ɔːlðóu]
conj 비록 ~이긴 하지만, 그러나

Although they certainly have disagreed on issues over the years, it hasn't affected their relationship. *(from USA TODAY)*
그들은 분명 몇 해에 걸쳐서 여러 가지 문제점들에 이견(異見)을 보여왔지만 그렇다고 그런 사실이 서로의 관계에 영향을 주지는 않았다.

0878
entirely
[intáiərli]
ad 전적으로, 완전히

They discovered an *entirely* new kind of animal. *(from USA TODAY)*
그들은 완전히 다른 종류의 새 동물을 발견했다.

TIME 04

Sticking with a Mediterranean diet throughout most of your life may pay off with a disease-free old age, according to researchers in Boston. Replacing red meats with bean-based protein, and saturated fats with olive oil are familiar ways to avoid chronic diseases such as heart problems and diabetes. And studies have linked the Mediterranean diet to longer life.

살면서 지중해식 다이어트를 계속 유지하게 되면 나이가 들어서 어떠한 병에도 걸리지 않을 수 있다고 보스턴의 연구진들이 발표했다. 살이 붉은 고기를 콩 위주의 단백질로 대체하고 포화지방을 올리브 오일로 대체하는 것은 심장병과 당뇨병 같은 만성질환을 피할 수 있는 익숙한 방법이다. 그리고 그 동안 여러 연구들은 지중해식 다이어트를 장수(長壽)와 관련 지었다.

0879
stick with
아무리 어려워도 계속 유지하다

We'd better stick with the original plans.
원래의 계획대로 밀고 나가는 게 좋겠어.

0880
Mediterranean
[mèdətəréiniən]
ⓐ 지중해의

The Mediterranean diet has once again proven itself worthy of our plates. *(from TIME)*
지중해 다이어트는 다시 한번 우리 식탁에 올라올 값어치가 있음을 스스로 증명해 보였다.

0881
throughout
[θru:áut]
conj ~동안 죽, 내내

He's been involved in sports throughout his life.
그는 살아오면서 줄곧 스포츠 계에 몸 담고 있었어.

0882 **pay off**
성공하다, 성과를 거두다

Teamwork pays off.
팀워크를 잘 이루면 그에 따른 성과가 있다.

0883 **disease**
[dizí:z]
n 질병, 질환, 병

Ebola has become an urban disease and has spread uncontrollably in some western African nations. *(from TIME)*
에볼라는 도시병이 되었고 지금까지 몇몇 서부 아프리카 국가들에서 걷잡을 수 없이 퍼졌다.

0884 **free**
[fri:]
a ~이 없는

There is no proven clinical health advantage in going gluten-free. *(from TIME)*
글루텐이 함유되지 않은 음식을 먹는 것이 건강에 이로운 지는 이미 입증된 임상결과가 없다.

0885 **saturated**
[sǽtʃərèitid]
a 포화된, 흠뻑 젖은

His T-shirt was saturated with sweat.
그의 티셔츠는 땀으로 흠뻑 젖었다.

0886 **familiar**
[fəmíljər]
a 익숙한, 친숙한

The St. Louis Cardinals left-hander, Marco Gonzales, will make his major league debut in familiar surroundings. *(from USA TODAY)*
세인트루이스 카디널즈의 왼손잡이 마르코 곤잘레스는 익숙한 환경에서 메이저 리그 데뷔를 하게 될 것이다.

0887 **avoid**
[əvɔ́id]
v 피하다, 막다

The result must be avoided.
그 결과는 반드시 피해야 한다.

0888 chronic
[kránik]
- a 만성적인

Exercise may be the best medicine for chronic pain. *(from USA TODAY)*
운동은 만성적인 통증에 가장 좋은 약이 될 수 있다.

0889 diabetes
[dàiəbíːtis, -tiːz]
- n 당뇨병

People with diabetes in low-income neighborhoods are 10 times more likely than diabetics from wealthy neighborhoods to get their limbs amputated because of a diabetes-related infection. *(from USA TODAY)*
저소득층에서 당뇨병에 걸린 사람들은 부자동네에서의 당뇨환자들보다 당뇨연관 감염으로 인해서 팔다리를 절단해야 할 가능성이 열 배 이상이다.

0890 link
[liŋk]
- v 관련 짓다, 관련이 있다고 말하다

He denied reports linking him to the drug dealers.
그는 자신을 마약 딜러들과 연관 짓는 보고서를 부정했다.

TIME 05

Macy's has been getting a lot of grief for announcing that the store will open its doors to shoppers on Thanksgiving for the first time ever. But because its retail competitors are doing the same — and because our shop-anytime-anywhere culture demands it — the department store probably has no choice but to play along. This past week, soon after the store announced it would open its doors at 8 p.m. on the night of thanksgiving, the masses began denouncing the move as greedy, misguided, and unfair to the employees being forced to work on a day traditionally reserved for family.

메이시 백화점은 그 동안 많은 고민을 거듭한 끝에 처음으로 추수감사절에 쇼핑객들에게 문을 열 것이라고 공식 발표했다. 그러나 소매 경쟁자들이 이미 그렇게 문을 열고 있기 때문에 – 그리고 우리의 언제든, 어느 곳에서든 쇼핑을 할 수 있다는 문화가 그것을 요구하고 있기 때문에 – 메이시 백화점이 아마 그런 분위기에 동조하는 것 이외의 선택은 없을 것이다. 지난 주, 메이시가 추수감사절 밤 8시에 문을 열 것이라고 공식 발표를 하자마자 대중들은 그런 조치를 탐욕스럽고, 잘못된 판단에 의한 것이며 전통적으로 가족을 위해서 예비된 날에 일을 하게끔 강요 받는 종업원들에게는 부당한 조치라고 맹렬히 비난하기 시작했다.

0891 grief

[gri:f]

 비탄, 고민

A couple whose son was killed while fighting in Iraq have channeled their grief into action. *(from USA TODAY)*
자신들의 아들이 이라크에서 싸우던 중에 사망한 한 부부는 자신들의 슬픔을 행동으로 표현했다.

0892 competitor

[kəmpétətər]

 경쟁자, 경쟁 상대

We want to sell twice as many computers as our competitors.
우리는 경쟁자들보다 컴퓨터를 두 배 많이 팔고 싶다.

0893

[dimǽnd]
- v 요구하다

Her lawyers demand "a prominent public apology". *(from TIME)*
그녀의 변호사들은 "눈에 띄는 공개사과"를 요구한다.

0894

[prábəbli]
- ad 아마

Manhattan has become a borough for the rich. So Taylor Swift is probably the perfect representative. *(from TIME)*
맨하튼은 그 동안 부자들을 위한 자치구가 되었다. 그래서 테일러 스위프트가 뉴욕시를 대표하기에는 아마도 완벽한 것 같다.

0895

~을 하는 수밖에 선택이 없다

I have no choice but to accept his offer.
그의 제안을 받아들일 수 밖에 다른 선택의 여지가 없어.

0896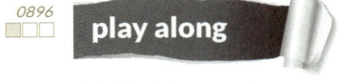

협력하거나 공모하다

I don't want to play along with them.
나는 그들과 협력하고 싶지는 않아.

0897

일반 대중

The trains provided cheap travel for the masses.
대중들은 열차를 이용해서 값싼 여행을 할 수 있게 되었다.

0898

[dináuns]
- v 맹렬히 비난하다

Penelope Cruz and Javier Bardem are denouncing Israel in open letter.
(from USA TODAY)
페넬로페 크루즈와 하비에르 바르뎀은 공개 항의서를 통해서 이스라엘을 맹렬히 비난하고 있다.

0899
greedy
[grí:di]
ⓐ 탐욕스러운, 욕심 많은

How can I say something without looking greedy? *(from TIME)*
어떻게 하면 탐욕스러워 보이지 않으면서 뭔가를 말할 수 있을까?

0900
misguided
[misgáidid]
ⓐ 잘못 이해한, 잘못 판단한

A misguided policy is undermining growth and creating new risks. *(from TIME)*
잘못된 판단에서 비롯된 정책이 성장을 둔화시키고 새로운 위험요소들을 만들어내고 있다.

0901
unfair
[ʌnfɛ́ər]
ⓐ 부당한, 공정치 못한

The deal helped Starbucks lower its taxes, creating unfair advantages.
(from New York Times)
그 계약은 스타벅스가 세금을 낮추게 도와주었으며 그로 인하여 부당한 이점이 생겨났다.

0902
traditionally
[trədíʃənəli]
ⓐd 전통적으로

Smokey Bear traditionally never spoke in his public service messages except for his signature line (Only You Can Prevent Forest Fires).
스모키 베어(미국 산림청에서 산불 방지 홍보 표지판에 쓰는 짙은 회색 곰)는 전통적으로 자신의 공공서비스 메시지에 어떤 내용도 전하지 않았다. 단 하나, 자신의 서명에 해당되는 말 "오직 당신만 산불을 막을 수 있습니다" 뿐.

0903
reserve
[rizə́:rv]
ⓥ 예약하다

You have to reserve tickets in advance.
표를 미리 예약해야 돼.

TIME 06

Why do you put up with the frustrations and indignities of work? It's because you think you need the cash. But let's say you've got enough to put a roof over your head and food in your belly. Why are you still at your desk? The answer might surprise you: Because you believe it will make you live forever.

일이 주는 스트레스와 모욕을 참는 이유가 무엇일까? 그것은 바로 돈이 필요하다고 생각하기 때문이다. 하지만 살만한 집이 있고 먹고 살만큼 충분한 돈이 있다고 가정해보자. 그런데도 왜 우리는 여전히 책상 앞에서 일을 하고 있는 것일까? 그 대답에 깜짝 놀랄 지도 모른다: 우리는 그렇게 하면 영원히 살 게 될 것이라는 믿음이 있기 때문이다.

---

put up with
~을 참다, 견디다

They are the ridiculous things NFL cheerleaders put up with. *(from TIME)*
그것들은 NFL 치어리더들이 평소에 참고 지내는 터무니없는 것들이다.

---

frustration
[frʌstréiʃən]
ⓝ 짜증, 스트레스, 좌절감

Islamist leaders in Egypt, Tunisia and Turkey have shown an arrogance toward opposition views, breeding frustration that exacerbates civil unrest and instability. *(from USA TODAY)*
이집트, 튀니지아, 그리고 터키의 이슬람교도 지도자들은 반대견해에 대해서 오만한 태도를 보여왔다. 그것은 결국 불안과 초조증상을 낳으며 시민들의 소요(騷擾)와 심리적인 불안정을 더욱 악화시켰다.

---

indignity
[indígnəti]
ⓝ 모욕, 수모

He faced the indignity of being taken into police custody for questioning.
(from New York Times)
그는 심문을 위해서 경찰서에 구류되는 수모를 당했다.

0907

[béli]
n 배

0908

[sərpráiz]
v 놀라게 하다

Your body could use a belly laugh. It may not be the best medicine. But laughter's great for you. *(from TIME)*
우리 몸은 껄껄 웃음이 필요하다. 그것이 최고의 약은 아닐 수 있다. 하지만 큰 소리로 웃는 것이 건강에 대단히 도움 된다.

Don't let it surprise you.
그런 일로 놀라지 마.

TIME 07

Breast-feeding can be good for a baby's health, and there's fresh evidence that it may help children to climb the social ladder as well. What does breast-feeding have to do with social status? Breast-feeding can impact cognitive development. What's more, it also seemed to lower the chances of downward mobility.

모유는 아이의 건강에 좋을 수 있으며 또한 아이들이 상위 사회계층으로 올라설 수 있도록 도움을 줄 수도 있다는 새로운 증거가 있다. 모유가 사회적 지위와 무슨 관계가 있단 말인가? 모유는 인지발달에 영향을 줄 수 있다. 더욱이, 모유는 또한 사회적 지위의 하강 이동 가능성을 낮출 수 있는 것 같았다.

0909

breast-feed

[bréstfi:d]

 모유를 먹이다

Gwyneth Paltrow has revealed that she is considering having cosmetic surgery to correct the effects of breast-feeding. *(from the Telegraph)*

기네스 팰트로는 모유수유의 영향을 바로잡기 위해서 가슴 성형수술을 받을 것을 진지하게 생각하고 있다고 밝혔다.

0910

fresh

[freʃ]

 새로운, 신선한

Fresh meats such as fresh turkey or chicken slices are a better choice than deli meat for lowering the sodium content of your sandwich. *(from TIME)*

신선한 터키나 치킨 조각 같은 신선한 고기가 샌드위치의 나트륨 함유량을 줄이기 위해서는 델리 고기보다 좋은 선택이다.

0911

social ladder

사회계층

No one climbs that social ladder only to cast themselves back down. *(from TIME)*

사다리에 비유되는 사회적 계층의 윗자리에 오른 이후에 다시 내려오고자 하는 사람은 아무도 없다.

0912
as well

또한, 역시

They can take on greater responsibilities as well. *(from TIME)*
그들은 또한 더 큰 책임을 갖게 될 수도 있다.

0913
have to do with

~와 관계 있다

I have nothing to do with the accident.
나는 그 사고와 아무런 관계 없어.

0914
impact

[ímpækt]
Ⓥ 영향을 주다

The new law will impact on the way our education operates.
그 새로운 법은 우리의 교육이 어떤 식으로 운용되어야 할지 그 방법에 영향을 주게 될 것이다.

0915
development

[divéləpmənt]
Ⓝ 발달, 성장

Consider your professional development and determine what skills you'll need to make it to the next rung on the corporate ladder. *(from TIME)*
직업적 성장을 깊이 생각하라. 그리고 어떤 기술을 가져야 기업 내 사다리 위에서 다음 단계로 올라 설 수 있는지를 결정하라.

0916
lower

[lóuər]
Ⓥ ~을 낮추다, 내리다

Is it true that if the American people decided to stop buying gasoline, gas companies would have no choice but to lower the price of gas? *(from NBC NEWS)*
정말 만일 미국인들이 자동차 기름을 사지 않으면 기름 회사들은 기름 가격을 내리는 수밖에 다른 선택의 여지가 없는 걸까요?

0917 **chance**
[tʃæns]
n 가능성, 기회

There's no chance that he'll change his mind.
그가 생각을 바꿀 가능성은 전혀 없어.

0918 **downward**
[dáunwərd]
a 하향의, 하강의

He's going downward in life.
그의 삶은 이제 바닥으로 향하고 있다.

0919 **mobility**
[moubíləti]
n 사회적 유동성

I'm in favor of the mobility of labor.
나는 노동력의 유동성을 찬성한다.

TIME 08

The blobfish is officially the ugliest animal on the planet. It looks like a large, unattractive and creepy blob. The Ugly Animal Preservation Society — yes, that exists — hoped to raise awareness about endangered animals by electing a new, aesthetically-challenged mascot. More than 3000 ballots were cast in the online competition. The blobfish earned 795 votes.

블롭피쉬는 공식적으로 이 지구상에서 가장 못 생긴 동물이다. 그 모습은 커다랗고 전혀 눈길을 끌지 못하며 소름 끼치는 방울모양이다. 못생긴 동물보존협회에서 - 그렇다, 실제로 그런 협회가 존재한다 - 희망하기로는 외모가 못생긴 동물들 중에서 마스코트가 될만한 새로운 동물을 선출함으로써 멸종 위기에 있는 동물들에 대한 인식을 높이고자 한다. 3000명 이상이 온라인 투표에 참가하였다. 블롭피쉬는 795표를 얻었다.

0920

officially

[əfíʃəli]

 ad 공식적으로, 정식으로

Previews of spring styles officially started Thursday at New York Fashion Week, but the crowd here always likes to get a jump on things. *(from TIME)*

봄 스타일 시사회가 목요일 뉴욕 패션 위크에 공식적으로 시작됐다. 그러나 이곳에 모인 군중들은 서두르는 걸 좋아해서 그 전에 이미 몰려 들어서 다양 한 행사들에 관심을 보였다.

0921

ugly

[ʌ́gli]

 a 추한, 못생긴

I used to nibble my nails down to ugly stubs.

난 예전에 손톱을 물어뜯어서 보기 추하게 만들었던 적이 있었지.

0922 **planet**
[plǽnit]
n 행성

Is there life on other planets?
다른 행성들에도 생물체가 있을까?

0923 **unattractive**
[ʌnətrǽktiv]
a 보기 안 좋은, 매력 없는

He used a very unattractive picture of me. *(from TIME)*
그는 아주 보기 좋지 않은 내 사진을 사용했다.

0924 **creepy**
[krí:pi]
a 오싹하게 하는, 기이한

It worries me a little bit because I know that some people look at 'uncle fans' as something creepy. *(from TIME)*
그것 때문에 조금 걱정이 되긴 합니다. 왜냐하면 어떤 사람들은 삼촌 팬들을 비정상적인 기이한 물건으로 생각한다는 사실을 제가 잘 알기 때문입니다.

0925 **blob**
[blab]
n 작은 방울

A blob of honey is on my arm.
꿀 한 방울이 내 팔 위에 떨어져 있네.

0926 **preservation**
[prèzərvéiʃən]
n 보존, 유지

The new $1 trillion farm bill includes more than $1 billion for preservation over the next decade. *(from USA Today)*
새로운 1조 달러 농업법에는 다음 10년간의 보존비용 10억 달러 이상이 포함되어 있다.

0927 **society**
[səsáiəti]
n 협회, 단체, 사회

Have you heard of the American Cancer Society?
미국 암학회에 관해서 들어봤어?

0928 exist
[igzíst]
v 존재하다

Yes, Internet addiction bootcamps do exist. *(from USA Today)*
그렇습니다. 인터넷 중독 신병 훈련소라는 게 존재합니다.

0929 raise
[reiz]
v 올리다, 높이다, 불러일으키다

It only raised doubts in people's minds.
그건 사람들 마음에 의심만 불러 일으키고 말았어.

0930 awareness
[əwɛ́ərnis]
n 의식, 관심

Certainly, there is more awareness of the phenomenon of the stay-at-home dad. *(from TIME)*
분명히, 아빠의 전업주부 현상에 대한 인식이 전보다 높아진 상태이다.

0931 endangered
[indéindʒərd]
a 멸종될 위기에 이른

The lizards are classed as an endangered species.
도마뱀은 멸종위기 종으로 분류된 상태이다.

0932 elect
[ilékt]
v 선출하다, 선택하다

We need to trust the newly elected government.
새로 선출된 정부를 신뢰해야 돼.

0933 aesthetic
[esθétik]
a 미적인, 심미적

From an aesthetic point of view, it's a nice design.
미적인 관점에서 보면, 그것은 아주 훌륭한 디자인이다.

0934 ballot
[bǽlət]
n 투표용지, 투표

Only 36 % of voters cast their ballots.
유권자들 중 36%만 투표에 참여했다.

0935 cast
[kæst]
v 표를 던지다, 던지다

I cast a vote against the bill.
나는 그 법안에 반대투표를 던졌어.

0936 competition
[kàmpətíʃən]
n 경쟁, 시합

Amazon is sliding ahead of the competition. *(from TIME)*
아마존은 경쟁에서 앞서나가고 있다.

0937 earn
[ə:rn]
v 얻다, 받다

The company has earned a reputation for reliability.
그 회사는 신뢰도가 높다는 평판을 얻었다.

TIME 09

First Lady Michelle Obama is launching an initiative to get people drinking more water. The campaign, called Drink Up, kicks off Thursday in the aptly named Watertown and is the latest effort in her 3-year-old Let's Move campaign to get Americans living healthier lives. Inspiring Drink Up is the realization that Americans are far from adequately hydrated.

영부인 미셸 오바마는 새로운 계획에 착수하고 있다. 사람들이 물을 더욱 더 많이 마시게 하는 계획이다. Drink Up이라고 불리는 이 캠페인은 캠페인에 어울리게 이름 지어진 워터타운에서 목요일에 시작되며 미국인이 좀더 건강하게 살게 하기 위하여 영부인이 3년 전에 시작한 Let's Move 캠페인의 가장 최근 활동이다. Drink Up 캠페인이 가능하도록 힘을 주는 것은 미국인들이 현재 적절히 수분을 섭취하고 있는 상태가 아니라는 사실에 대한 인식이다.

0938 launch
[lɔːntʃ]
v 시작하다, 착수하다

It was a change of venue for NASA, which normally launches moon missions from Cape Canaveral, Fla. *(from TIME)*
그것은 나사에게는 장소의 변화였다. 나사는 보통 달 미션을 플로리다 주의 케이프 커내버럴에서 착수한다.

0939 initiative
[iníʃiətiv]
n 새로운 계획

They announced a government initiative to combat unemployment.
그들은 실업문제 해결을 위한 정부의 새로운 계획을 공식 발표했다.

0940 kick off
시작하다

What time does the show kick off?
그 쇼는 언제 시작합니까?

0941
aptly named
적절히 이름 지어진

The aptly named Skyline Restaurant provides spectacular views of the city below.
적절히 이름 지어진 Skyline 식당은 아래로 도시의 멋진 경관을 제공한다.

0942
latest
[léitist]
ⓐ 가장 최근의

His latest movie drew a lot of criticism.
그의 최근 영화는 많은 비난을 받았다.

0943
realization
[rì:əlizéiʃən]
ⓝ 깨달음, 인식, 자각

I was shocked by the realization of what I had done.
나는 내가 한 짓을 깨닫고 정말 충격을 받았다.

0944
far from
결코 ~이 아닌, ~와는 관계가 먼

The place is deep in remote areas, far from the home comforts. (from TIME)
그 장소는 아주 후미진 곳에 위치하고 있다. 집이 주는 안락함과는 거리가 먼 지역이다.

0945
adequately
[ǽdikwitli]
ⓐⓓ 적절하게

He wasn't adequately insured.
그는 제대로 보험에 든 상태가 아니었다.

0946
hydrate
[háidreit]
ⓥ 건강유지를 위해서 물을 주다

A U.S. Marine intravenously hydrates his dog before conducting Operation Nightmare. (from TIME)
미국 해병대 병사가 Operation Nightmare를 지휘하기 전에 자기 개에게 정맥주사로 수분을 공급해준다.

TIME 10

D.C. politicos grabbing coffee at Starbucks this week will see a curious message scribbled on their cups: "Come Together." And no, it has nothing to do with John and Paul's famous song. Instead, it's a phrase of Starbucks CEO Howard Schultz's concoction,  intended to help brew a fiscal cliff deal. So, through Friday, baristas at the coffee chain's Washington, D.C. locations have been instructed to write the phrase on all customers' cups. It's Schultz's rose-colored plan to induce a spirit of cooperation into D.C.-area coffee drinkers as Congress and the President continue to wrangle over fiscal cliff negotiations.

이번 주 스타벅스에서 커피를 마시는 워싱턴 D.C.의 정치꾼들은 컵에 쓰인 별난 메시지 "Come Together"를 보게 될 것이다. 아니, 이 문구는 존 레논과 폴 매카트니의 저 유명한 노래와는 아무런 관계 없다. 대신, 그것은 스타벅스 CEO인 하워드 슐츠가 혼합한 구절로서 재정절벽 합의를 만들어내는데 도움을 주기 위해서 의도된 것이었다. 그래서, 금요일까지 Washington, D.C.에 위치한 스타벅스의 바리스타들은 고객들이 사용할 모든 컵에 그 문구를 적어 넣도록 지시를 받았다. 슐츠의 장미빛 계획은 협동정신을 D.C. 지역 커피 애호가들에게 불러일으키기 위한 시도이며 의회와 대통령은 재정절벽 협상으로 오랜 다툼을 이어가고 있는 실정이다.

0947

politico

[pəlítikòu]

Ⓝ 정치꾼

I hate those slick politicos.
말만 번지르르하게 하는 저런 정치꾼들 정말 싫어.

0948

grab

[græb]

Ⓥ 마시다, 먹다

It was fun to grab a second helping of dessert. *(from TIME)*
디저트 한 접시 더 먹는 게 아주 즐거웠어.

0949 curious
[kjúəriəs]
ⓐ 특이한, 별난, 호기심이 많은

"I was just curious, I thought, 'I wonder what my voice would be like. Would these songs suit my voice?'" *(from USA Today)*
"그냥 궁금했어요. 생각했죠. '내 목소리가 어떨까. 이 노래들이 내 목소리에 맞기는 맞는 걸까?'"

0950 scribble
[skríbl]
ⓥ 갈겨쓰다, 낙서하다

I scribbled my ideas on the note pad.
나는 떠오르는 아이디어들을 메모장에 긁적거렸다.

0951 concoction
[kankákʃən]
ⓝ 혼합해서 만든 음식이나 음료

He sipped the concoction cautiously.
그는 혼합해서 만든 음료를 조심스럽게 조금씩 마셨다.

0952 intend
[inténd]
ⓥ 의도하다, 작정하다

Gates said he did not intend to give the woman a ticket but instead wanted to stop the vehicle to give her a warning. *(from USA Today)*
게이츠의 말에 따르면 그는 그 여성에게 위반 딱지를 주려고 했던 것은 아니었다. 그저 차량을 멈추고 그녀에게 경고를 하기 위한 것이었다.

0953 brew
[bru:]
ⓥ 커피나 차를 끓이다

I want some freshly brewed coffee.
막 끓인 커피를 마시고 싶어.

0954 fiscal cliff
재정절벽

Both parties are looking at an end-of-the-year deadline for the so-called fiscal cliff. *(from USA Today)*
두 당 모두 소위 재정절벽 해결을 위한 연말 마감기한을 생각하고 있다.

0955 location
[loukéiʃən]
ⓝ 장소, 위치

Move your telephone to a different location in your home.
전화기를 집안에서 다른 위치로 옮겨 놓으세요.

0956 instruct
[instrʌ́kt]
ⓥ 지시하다, 가르치다

At concerts, most venues instruct concert-goers not to take pictures of the band. *(from USA Today)*
콘서트에 가면 대부분의 장소에서는 관람객들에게 밴드의 사진을 찍지 말라고 지시한다.

0957 rose-colored
장미 빛의, 밝은, 낙관적인

Why don't we take a rose-colored view on it?
그 문제를 좀 낙관적으로 바라봅시다.

0958 induce

[indjú:s]
ⓥ 유도하다, 유발하다

Robertson came back to induce Cabrera to bounce into a double play. *(from USA Today)*
로버트슨은 다시 돌아와서 캬브레라를 더블플레이로 유도했다.

0959 spirit
[spírit]
ⓝ 정신, 마음

I'm 60, but I still feel young in spirit.
내가 나이는 60이지만 아직 정신만큼은 젊은이야.

0960 cooperation
[kouàpəréiʃən]
n 협력, 협동

Train safety takes money and cooperation. *(from USA Today)*
열차 내에서의 안전은 돈과 협동을 필요로 한다.

0961 wrangle
[ræŋgl]
v 언쟁을 벌이다, 다투다

Schools wrangle with tolerance for kids faking gunplay.
학교들은 장난으로 총 싸움을 하는 아이들을 위해서 관용과 투쟁하고 있다.

0962 negotiation
[nigòuʃiéiʃən]
n 협상, 절충, 협의

The negotiations with the company have reached a crucial stage.
회사와의 협상은 결정적인 단계에까지 이르렀다.

TIME 11

When it comes to the future of American education, Mayor Michael Bloomberg says the real danger is here at home, not abroad. In his keynote speech at the TIME Summit on Higher Education on Friday, the outgoing mayor of New York City claimed concerns about educational competitiveness are overblown.

미국 교육의 미래에 대해서 말하면서 마이클 블룸버그 시장은 진짜 위험은 외국의 교육이 아니라 미국내의 교육에 있다고 말한다. 금요일 TIME Summit에서의 고등교육에 관한 기조연설에서 외향적인 성격의 뉴욕시장 블룸버그는 교육경쟁력이 지나치게 중시되고 있다는 데 우려를 표명했다.

0963

real
[ríːəl]
ⓐ 진짜의, 현실적인

There is no real reason to feel sorry.
애석해해야 할 진짜 이유는 없는 거지.

0964

danger
[déindʒər]
ⓝ 위험

Google's driverless car program has been legalized in Nevada and California will soon allow them on the roads, but are these cars in danger of getting hacked? *(from USA Today)*
구글의 무인 자동차 프로그램은 네바다에서 합법화 되었고 캘리포니아는 곧 승인할 예정이다. 그러나 이 무인 자동차는 지금 해킹 당할 위험에 처해있는 것일까?

0965
abroad
[əbrɔ́ːd]
ⓐd 해외에서

The lure of low costs, warm winters, and adventure has many Americans looking abroad for retirement. *(from TIME)*
저비용, 따뜻한 겨울, 그리고 모험의 유혹이 많은 미국인들로 하여금 은퇴 후에 외국에서의 삶에 눈을 돌리게 한다.

0966 summit
[sʌ́mit]
n 정상회담, 정상

The two presidents agreed to hold a summit next month.
두 대통령은 다음 달에 정상회담을 열기로 합의했다.

0967 outgoing
[áutgouiŋ]
a 외향적인, 사교적인

I like people with an outgoing personality.
나는 외향적인 성격을 가진 사람들이 좋아.

0968 mayor
[méiər]
n 시장

He was a black mayor who held office in the wake of the civil rights movement. *(from TIME)*
그는 흑인 시장이었다. 미국 시민 평등권운동에 뒤이어 시장의 자리에 올랐다.

0969 educational
[èdʒukéiʃənl]
a 교육적인, 교육의

Different children have different educational needs.
아이들은 각자 서로 다른 교육적 필요와 욕구를 갖고 있습니다.

0970 competitiveness
[kəmpétətivnis]
n 경쟁력

The U.S. and Europe struggle with debt, unemployment and sagging competitiveness. *(from TIME)*
미국과 유럽은 부채, 실업, 그리고 떨어지는 경쟁력으로 허우적거리고 있다.

0971 overblown
[ouvərblóun]
a 잔뜩 과장된, 지나치게 중시되는

His assertion is a little overblown.
그의 주장은 다소 과장된 거야.

TIME 12

The government shutdown is serious business and its impact will only get worse each day it continues, as work at federal agencies piles up, key services stay shuttered, the drag on the economy continues and the municipal coffers of the District of Columbia eventually run dry.

정부폐쇄는 심각한 일이며 그 충격은 폐쇄가 계속되는 한 매일매일 더 커질 뿐이다. 그 이유는 정부기관들의 일이 쌓일 것이고 주요 서비스는 계속 영업정지상태일 것이고 경제 발전 장애는 계속되고 컬럼비아 특별구의 시 재정은 결국 고갈될 것이기 때문이다.

0972
shutdown
[ʃʌ́tdaun]
n 폐쇄

They called for the permanent shutdown of the plant.
그들은 그 공장의 완전 폐쇄를 요구했다.

0973
serious
[síəriəs]
a 심각한

Like many people with a serious mental illness, Daniel refused to seek treatment on his own. *(from TIME)*
심각한 정신장애를 앓고 있는 많은 사람들처럼 다니엘은 혼자서 스스로 치료 받기를 거부했다.

0974
worse
[wəːrs]
a 더 심한, 더 악화된

It will make illegal immigration worse. *(from TIME)*
그렇게 하면 아마도 불법이민이 더 악화될 것이다.

0975 federal
[fédərəl]
ⓐ 연방제의, 연방 정부의

Switzerland is a federal republic.
스위스는 연방 공화국이다.

0976 agency
[éidʒənsi]
ⓝ 정부기관, 단체

Which agency is responsible for that?
어느 기관이 그 일에 책임 있는 겁니까?

0977 pile up
많아지다, 쌓이다

The traffic started piling up.
교통이 점점 막히기 시작했다.

0978 key
[kiː]
ⓐ 가장 중요한, 핵심적인, 필수적인

It's one of the key factors underlying happiness and motivation. *(from TIME)*
그것이 행복과 동기부여의 기저가 되는 주요요인들 중 하나이다.

0979 shuttered
[ʃʌtərd]
ⓐ 셔터가 내려진, 영업이 중지된

Their business was shuttered a long time ago.
그들의 영업은 오래 전에 중단됐어.

0980 drag
[dræg]
ⓝ 더딘 진행, 방해, 장애물

It's going to be a drag on the campaign.
그것은 그 캠페인에 지장을 줄 것이다.

0981 **municipal**
[mjuːnísəpəl]
ⓐ 지방 자치제의, 시의

Municipal waste seems to grow rapidly.
도시 폐기물이 빠른 속도로 늘어나는 것 같다.

0982 **coffer**
[kɔ́ːfər]
ⓝ 정부 재원, 금고

Twitter was flying high a year ago, when its wildly successful IPO filled the company's coffers. *(from TIME)*
트위터는 1년 전에 성공을 거두었다. 당시 대단히 성공적인 신규 주식상장으로 인해 회사 재정이 아주 좋아졌다.

0983 **district**
[dístrikt]
ⓝ 지구, 지역, 구역

In 1911 over three-quarters of the British people lived in urban districts.
1911년에 영국국민의 3/4 이상이 준 자치도시에서 살았다.

0984 **eventually**
[ivéntʃuəli]
ad 결국, 궁극적으로

Republican governors and GOP-controlled legislatures will eventually decide to expand Medicaid in their states because the financial benefits are too big to ignore, Health and Human Services Secretary Kathleen Sebelius said in an interview with USA TODAY.
(from USA Today)
공화당 주지사들과 입법부의 공화당 관계자들은 궁극적으로 자기들 주에서 저소득층을 위한 의료보장제도를 확장시키기로 결정할 것이다. 그 이유는 그에 따른 금융혜택이 무시하기에는 대단히 크기 때문이라고 보건 복지부 장관 Kathleen Sebelius가 USA Today와의 인터뷰에서 말했다.

0985 **run dry**
고갈되다

It's a well that will never run dry.
(from TIME)
그것은 결코 마르지 않을 우물이다.

TIME 13

Late Glee star Cory Monteith's death was classified as accidental after he consumed a lethal dose of heroin and alcohol, according to a report issued by a Canadian coroner's office. The 31-year-old actor was found dead in a hotel in Vancouver. Monteith had spoken frankly with the media in the past about his ongoing struggle with substance abuse, which he had reportedly battled since his early teenage years.

이미 고인이 된 미드 글리(Glee)의 주인공 코리 몬테이스의 죽음은 돌발적인 사고로 분류되었다. 치명적일 정도로 많은 양의 헤로인과 알코올을 복용한 후 사망한 것이라고 캐나다 검시관실에서 발표한 보고서에 적혀 있었다. 서른 한 살된 배우 몬테이스는 밴쿠버의 한 호텔에서 죽은 채 발견되었다. 몬테이스는 과거 대중매체와의 인터뷰에서 자신은 약물중독에 걸려 계속 투쟁 중이라는 사실을 솔직하게 밝힌 바 있다. 약물중독과의 투쟁은 전하는 바에 따르면 10대 초반부터 계속 이어져 온 것이었다.

0986 late
[leit]
ⓐ 이미 사망한, 고인이 된

She doesn't want to talk about her late husband.
그녀는 이미 고인이 된 남편에 대해서 이야기하는 것을 원치 않는다.

0987 classify
[klǽsəfài]
ⓥ 분류하다, 구분하다

Beer is classified as a food product.
맥주는 식료품으로 분류된다.

0988 accidental
[æksədéntl]
ⓐ 우연한, 돌발적인

Newborn kittens survived an accidental truck ride. (from USA Today)
갓 태어난 새끼 고양이들이 우연히 트럭에 실려갔다가 무사히 살아났다.

0989 **consume**

[kənsúːm]

v 먹다, 마시다

Koreans consume too many bottles of soju a year.
한국인들은 한 해에 너무도 많은 소주를 마신다.

0990 **lethal**

[líːθəl]

a 치명적인

The Supreme Court halts execution by lethal injections. *(from USA Today)*
대법원에서는 치명적인 주사를 통한 사형집행을 중단시킨다.

0991 **dose**

[dous]

n 약의 복용량, 투여량

Never exceed the recommended dose of painkillers.
진통제는 권장된 양 이상을 절대 복용하지 말라.

0992 **issue**

[íʃuː]

v 발표하다, 공표하다

I don't know when she will issue the statement.
그녀가 언제 그 성명을 발표할 지 모르겠어.

0993 **coroner**

[kɔ́ːrənər]

n 검시관

The coroner is an independent judicial officer.
검시관은 독립적인 사법관이다.

0994 **found dead**

죽어 있는 상태로 발견되었다

Oscar winner, Robin Williams, found dead by his personal assistant, hanging by a belt from a closet door. *(from USA Today)*
오스카상 수상자인 로빈 윌리암스는 사망한 상태에서 자신의 개인비서에게 발견되었다. 벽장문에 벨트를 걸고 목을 맨 상태였다.

0995 ongoing
[əngóuiŋ]
ⓐ 계속 진행 중인

The discussions are still ongoing.
토론은 여전히 진행 중이다.

0996 struggle
[strʌ́gl]
ⓝ 투쟁, 싸움

The struggle for survival was intense.
생존싸움이 정말 치열했다.

0997 substance abuse
약물중독, 약물남용

He had a substance abuse problem.
그는 과거 약물중독 문제를 갖고 있었다.

0998 reportedly
[ripɔ́:rtidli]
ⓐⓓ 전하는 바에 따르면

The picture is reportedly worth over $10,000.
그 그림은 전하는 바에 따르면 만 달러 이상의 값어치가 있다.

0999 battle
[bǽtl]
ⓥ 싸우다, 투쟁하다

He's battling against cancer.
그는 지금 암과 투쟁하고 있다.

TIME 14

The pharmaceutical giant Bayer has made a remarkable — and lucrative — discovery. Allergies are on the rise. The company's eye and nose ointment Bepanthen, already good for more than $200 million in annual sales, could soon be in even higher demand. Bayer mentions this in its annual response to the watchdog CDP, formerly the Carbon Disclosure Project, which surveys the greenhouse gas emissions of the world's largest corporations.

제약계의 거대기업인 바이엘은 놀랄만한 – 수익성이 좋은 – 발견을 했다. 요즈음 알러지는 더욱 심해지고 있다. 바이엘의 눈과 코에 바르는 비판텐 연고는 이미 연매출 2억달러를 넘어섰고 곧 수요가 더욱 높아질 것이다. 바이엘은 이러한 사실을 전에는 탄소공개기획이었던 감시 단체 CDP에 보내는 연례 회신에 언급했다. CDP는 세계에서 가장 큰 대기업들이 배출하는 온실가스를 조사하고 있다.

1000 pharmaceutical
[fɑ̀ːrməsjúːtikəl]
 제약의, 약학의

Five pharmaceutical companies stood accused of marketing a highly addictive painkiller. *(from TIME)*
다섯 제약회사들이 대단히 중독성이 높은 진통제를 마케팅한 이유로 고발 당했다.

1001 giant
[dʒáiənt]
 거대 기업

The retail giant, Wal-Mart, shut down a branch office in Korea.
소매 거대기업인 월마트는 한국의 지사를 철수시켰다.

1002 lucrative
[lúːkrətiv]
 수익성이 좋은

They offered Stephenson a lucrative deal. *(from USA Today)*
그들은 스티븐슨에게 큰 액수의 계약을 제안했다.

1003 remarkable
[rimá:rkəbl]
 놀랄만한, 주목할만한

Kershaw added to his most remarkable résumé, throwing his first no-hitter and striking out a career-high 15 as Los Angeles beat Colorado 8-0.
(from USA Today)

커쇼는 자신의 놀랄만한 이력에 내용을 하나 더했다. 생애 첫 노히트 노런을 기록했고 자신의 경력에서 가장 많은 15개의 삼진을 잡았다. 그의 활약으로 로스앤젤레스는 콜로라도를 8대 0으로 이겼다.

1004 discovery
[diskʌ́vəri]
 거대 기업

He has made a great discovery.
그는 위대한 발견을 했다.

1005 on the rise
오름세에 있는

Unemployment has been on the rise since last year.
실업률이 작년 이후로 계속 오름세에 있다.

1006 ointment
[ɔ́intmənt]
 연고

Use this ointment. It works wonders.
이 연고 써봐. 감쪽같이 나.

1007 mention
[ménʃən]
 말하다, 언급하다

You mentioned that several times.
너 그거 이미 여러 번 얘기했어.

1008 response
[rispáns]
n 응답, 회신, 반응

An experimental Ebola vaccine is safe and able to trigger an immune response against the virus. *(from TIME)*
에볼라 실험 백신은 안전하고 에볼라 바이러스를 상대로 면역반응을 촉발시킬 수 있다.

1009 formerly
[fɔ́:rmərli]
ad 이전에, 예전에

He was formerly known as a singer.
그는 전에는 가수로서 알려졌다.

1010 carbon
[ká:rbən]
n 탄소

The more carbon, the more mess.
탄소가 많아질수록 문제가 더욱 많아진다.

1011 disclosure
[disklóuʒər]
n 폭로, 노출

The federal government stopped public disclosure of many serious hospital errors. *(from USA Today)*
연방정부는 병원 측의 심각한 많은 실수들을 공표하지 않도록 했다.

1012 greenhouse gas
온실가스(특히 이산화탄소)

Carbon dioxide is a so-called greenhouse gas.
이산화탄소가 소위 말해서 온실가스이다.

1013 corporation
[kɔ̀:rpəréiʃən]
n 대기업

BMW and Honda have used the air bags, made by Japanese company Takata Corporation. *(from TIME)*
BMW와 혼다는 일본 기업인 타카타사에서 만든 에어백을 사용해왔다.

1014 emission

[imíʃən]

n 배출, 배기가스

Obama is expected on Monday to unveil the first rules limiting carbon emissions from power plants, saying it is necessary to cut greenhouse gasses that contribute to global warming. *(from USA Today)*

오바마는 발전소에서 배출하는 탄소의 양을 제한하는 첫 규칙을 월요일에 발표할 예정이다. 지구 온난화의 원인이 되고 있는 온실가스를 줄일 필요가 있기 때문이다.

TIME 15

Exposure to the residue from cigarette smoke that lands and sticks to surfaces could be hazardous to health, a new study reports. New research from the University of California, Riverside, shows that so-called thirdhand-smoke exposure harms organs in mice and increases symptoms of hyperactivity — which suggests humans too might suffer similar negative consequences.

지면에 떨어져 들러붙어 있는 담배연기로부터 나오는 잔재에 노출되면 건강에 좋지 않을 수 있다는 새로운 연구보고가 나왔다. 리버사이드의 캘리포니아 대학에서 실시한 새로운 연구에 의하면 소위 말해서 3차 간접흡연에의 노출은 쥐들의 장기에 해를 끼치고 활동 항진 증세를 증가시킨다 – 이것이 시사하는 바는 인간도 역시 그와 유사한 부정적인 결과를 경험하게 될 수도 있다는 것이다.

1015 exposure
[ikspóuʒər]
n 노출

Between 2011 and 2013 exposure to e-cigarette TV ads increased by 256% among adolescents ages 12 to 17.
(from USA Today)

2011년에서 2013년 사이에 TV에 나왔던 전자담배 광고에의 노출이 12세에서 17세까지가 해당되는 청소년 사이에서 256%까지 상승했다.

1016 residue
[rézədjùː]
n 잔여물

Rinse off any soap residue.
비누잔재를 깨끗이 씻어버려.

1017 land
[lænd]
v 표면에 내려앉다

A fly landed on the nose of a sleeping baby.
파리 한 마리가 자고 있는 아기의 코 위에 내려 앉았다.

1018

[sə́:rfis]
n 표면, 지면

Nearly 10% of the Earth's surface is covered by ice.
지구표면의 거의 10%가 얼음으로 덮여 있다.

1019

[hǽzərdəs]
a (건강에) 위험한

Wal-Mart Stores announced that it will eventually phase out nearly 10 hazardous chemicals at its stores. *(from USA Today)*
월마트 상점들은 거의 10개에 해당되는 건강유해 화학제품들을 자신들의 가게에서 점차적으로 판매 중지시키겠다고 공식 발표했다.

1020

[stʌ́di]
n 연구

We're planning to make a study of the new technology.
우리는 지금 그 신기술을 연구해볼 계획이다.

1021

소위, 이른바, 흔히 ~라고 불리는

I don't want to be a so called pain in the neck.
나는 이른바 골칫거리가 되고 싶지는 않아.

1022

[ha:rm]
v 해치다, 손상시키다

Paul couldn't harm a fly. But a key trait of sociopaths is the ability to remain calm when others are terrified. *(from TIME)*
폴은 파리 한 마리 해치지 못한다. 하지만 반 사회적 인격 장애자의 주요특징은 다른 사람들이 무서워할 때 냉정을 잃지 않는 능력이다.

1023

[ɔ́:rɡən]
n 인체 내의 장기

A lot of people are waiting for organ transplants.
많은 사람들이 장기이식을 기다리고 있다.

1024 mice
[mais]
n 생쥐들, 쥐들
(mouse의 복수형)

Rats are larger than mice.
쥐는 생쥐보다 몸집이 크다.

1025 symptom
[símptəm]
n 증상

Symptoms of depression become more prevalent for women as they obtain job authority. *(from TIME)*
우울증 증상들은 직장 내에서 상사의 위치에 올라가는 여성들에게 더욱 일반적이 되고 있다.

1026 hyperactivity
[háipəræktívəti]
n 활동항진, 과다활동

Attention Deficit Hyperactivity Disorder, or ADHD, is a controversial subject among many parents. *(from TIME)*
주의력 결핍 과잉 활동 장애, 즉 ADHD는 많은 부모들 사이에서 논란이 되고 있는 주제이다.

1027 similar
[símələr]
a 비슷한, 유사한

They have similar tastes in music.
그들은 음악취향이 비슷해.

1028 negative
[négətiv]
a 부정적인

On the negative side, it costs a lot.
부정적인 면에서 보면, 그건 아주 비싸.

1029 consequence
[kánsəkwèns]
n 결과, 중요함

Poverty can be a direct consequence of overpopulation.
가난은 인구과다의 직접적인 결과일 수 있다.

TIME 16

The Pope said that economic inequality can plunge people into a "moral destitution" that could threaten their lives. In a Lenten message released by the Vatican, the Pope said that "unjust social conditions" such as unemployment, poor healthcare and limited education can lead to a material, moral and spiritual destitution that "can be considered impending suicide."

교황은 말하기를 경제 불균형이 사람들을 "도덕적 결핍" 상태로 빠뜨릴 수 있어서 그것이 생명을 위협할 수도 있다고 했다. 바티칸에서 발표된 사순절 메시지를 통해서 교황은 "부당한 사회적 조건들" 예를 들어, 실직, 열악한 의료제도, 그리고 제한된 교육 등이 물질적인, 도덕적인, 그리고 영적인 결핍을 이끌 수 있어서 그것이 결국은 "임박한 자살로 간주될 수 있다"는 것이다.

1030

inequality

[ìnikwáləti]

n 불평등, 불균등

Growing inequality is not the hallmark of our era. *(from TIME)*
점점 커지는 불평등이 우리 시대의 특징은 아니다.

1031

plunge

[plʌndʒ]

v 거꾸러뜨리다, 급락하다

A strike can plunge the country into chaos.
파업은 자칫 나라를 혼란으로 빠뜨릴 수도 있다.

1032

moral

[mɔ́:rəl]

a 도덕적인, 도덕상의

It can place people in a moral dilemma.
그것으로 인해서 사람들이 도덕적인 딜레마에 빠질 수 있는 거야.

1033 destitution
[dèstətjúːʃən]
ⓝ 결핍, 결핍상태, 극빈

Throughout the world, women and their children make up the greatest percentage of human beings living in destitution.
(from USA Today)
전 세계적으로 여성들과 그들의 아이들은 결핍상태에서 살아가는 사람들의 가장 커다란 퍼센트를 차지하고 있다.

1034 threaten
[θrétn]
ⓥ 협박하다, 위협하다

Unscrupulous debt collectors threaten arrests to collect payments. *(from TIME)*
무원칙적인 빚 수금 대행업자들은 돈을 거두기 위해서 체포하겠다는 협박까지 한다.

1035 unjust
[ʌndʒʌ́st]
ⓐ 부당한, 불공평한

An unjust wage is theft.
부당한 임금은 절도행위에 해당된다.

1036 social
[sóuʃəl]
ⓐ 사회의, 사회적인

We're going to deal with the social issues, such as unemployment and education.
우리는 앞으로 사회문제들을 다루게 될 겁니다. 예를 들어, 실업이라든지 교육에 관한 문제들 말이죠.

1037 condition
[kəndíʃən]
ⓝ 조건, 상태

Poor working conditions can lead to unproductive employees.
열악한 작업 조건들이 비생산적인 직원들로 만들 수 있다.

1038 material
[mətíəriəl]
ⓐ 물질적인

The spiritual life can be more important than material possessions.
영적인 삶이 물질적인 소유보다 더 중요할 수도 있다.

1039 spiritual
[spíritʃuəl]
a 영적인, 정신적인

He can be their spiritual leader.
그는 그들의 정신적인 지도자가 될 수 있다.

1040 consider
[kənsídər]
v 여기다, 생각하다

Nearly two thirds of ex-married men would consider doing it again. *(from TIME)*
결혼 경력이 있는 남성들의 거의 2/3가 재혼을 생각하고 있다.

1041 impending
[impéndiŋ]
a 곧 닥칠, 임박한

Diamondbacks' impending divorce with Upton is getting messy. *(from USA Today)*
임박한 다이아몬드백스와 업튼과의 이별이 점점 지저분한 결과를 낳고 있다.

1042 suicide
[sjúːəsàid]
n 자살

Suicide is a problem with few concrete preventive solutions. *(from TIME)*
자살은 구체적인 예방책이 거의 없는 문제이다.

TIME 17

The U.S. military is forming a 30-person medical team to prepare to respond to additional cases of Ebola in the United States, the Pentagon said Sunday. The "expeditionary medical support team" will consist of 20 critical care nurses, five doctors, and five trainers.

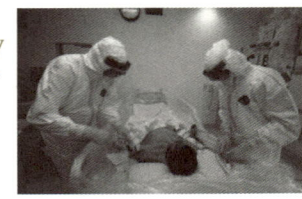

미군은 30명의 의료진을 구성하여 미국 내에서의 추가 에볼라 환자에 대응할 준비를 하고 있다고 일요일에 미국방성이 말했다. 이 "원정 의료 지원팀"은 20명의 중환자 전문 간호사와 다섯 명의 의사, 그리고 다섯 명의 트레이너로 구성되어 있다.

---

form
[fɔ:rm]
v 구성하다, 결성하다

The winning party will form the government.
승리한 당이 정부를 구성할 것입니다.

---

medical
[médikəl]
a 의료의

The size of the medical team reflects the hospital's intense effort to save Duncan's life. *(from TIME)*
의료진의 규모는 던컨의 목숨을 구하기 위한 병원 측의 진지하고 열성적인 노력을 반영하고 있다.

---

respond
[rispánd]
v 대응하다, 반응하다

How babies respond to the sounds can predict which infants will have trouble with language. *(from TIME)*
아이들이 소리에 어떻게 반응하는가를 통해서 어느 아이가 앞으로 언어에 문제가 있을 지를 예상할 수 있다.

expeditionary

[èkspədíʃənèri]
- ⓐ 원정의

The alliance plans to tackle "Russia's aggressive behavior" with a new expeditionary force. *(from TIME)*
그 동맹단체는 새로운 원정군을 보내서 러시아의 공격적인 행위를 저지할 계획이다.

consist

[kənsíst]
- ⓥ ~로 이루어져 있다

Holiday promotions usually consist of discounts on electronics, toys, clothing, and the like. *(from TIME)*
연말연시 판촉은 대개 전자제품, 장난감, 옷, 그리고 그와 유사한 것들의 가격할인으로 이루어져 있다.

TIME 18

Princeton University is the new home of various writings and manuscripts from Nobel Prize winning author Toni Morrison, the school announced. The 83-year-old served on Princeton's faculty for 17 years. "Toni Morrison's place among the giants of American literature is firmly entrenched," University President Christopher L. Eisgruber said in a statement. "This extraordinary resource will provide scholars and students with unprecedented insights into Professor Morrison's remarkable life and her magnificent, influential literary works."

프린스턴대학이 노벨상 수상 작가인 토니 모리슨의 다양한 작품과 원고들의 새로운 보금자리가 되었음을 학교당국은 공식 발표했다. 83세된 토니 모리슨은 프린스턴 교수로 17년 동안 재직했다. "토니 모리슨은 미국문학의 거물로 단단히 자리잡고 있습니다," 프린스턴대학의 총장 크리스토퍼 L. 아이즈그루버는 성명을 통해서 말했다. "이 특별한 자료는 학자와 학생들에게 모리슨 교수의 놀라운 삶과 그녀의 장대하고 영향력 있는 문학작품들을 제대로 이해할 수 있는 전례 없는 기회를 제공할 것입니다."

1048

various

[véəriəs]

ⓐ 다양한, 여러 가지의

Student demonstrations sparked an early start to the Occupy Central movement, which spread to various parts of the city after the police deployed tear gas. *(from TIME)*

학생 시위는 Occupy Central 운동의 조기 시작을 촉발시켜서 경찰이 최루탄을 사용한 이후에 도시 곳곳으로 확산되고 있다.

1049

manuscript

[mǽnjuskrìpt]

ⓝ 원고, 문서

A Japanese information technology company has agreed to digitize 3,000 Vatican manuscripts. *(from TIME)*

일본의 한 IT 회사는 3,000편에 달하는 바티칸 원고를 디지털화한다는 데 합의를 보았다.

1050 faculty
[fǽkəlti]
n 교수단, 모든 교수들

Both faculty and students opposed the measures.
교수단과 학생들 모두 그 조치를 반대했다.

1051 entrench
[intréntʃ]
v 단단히 자리 잡게 하다

Ever since Mussolini seized power, Gabriele d'Annunzio has been engaged in a canny campaign to entrench his own popularity with the working classes. *(from TIME)*
무솔리니가 집권한 이래로 단눈치오는 노동자계급 사이에 자신의 인기를 공고히 하기 위하여 캠페인에 약삭빠르게 동참해 왔다.

1052 extraordinary
[ikstrɔ́:rdənèri]
a 특별한, 보기 드문, 대단한

Now, thanks to the extraordinary sacrifices of our men and women in uniform, our combat mission in Afghanistan is ending. *(from TIME)*
이제 우리 남녀 군인들의 각별한 희생덕택에 아프가니스탄에서의 우리 전투임무는 끝나가고 있습니다.

1053 resource
[rí:sɔ:rs]
n 자료, 재료, 자산

It can be a valuable new resource for us.
그것은 우리에게 값어치 있는 새로운 자료가 될 수 있다.

1054 provide
[prəváid]
v 제공하다

Ohio's attorney general proposed shielding the identity of companies who provide drugs for execution. *(from TIME)*
오하이오주의 검찰총장은 사형집행을 위한 약을 공급하는 회사들의 이름과 정보를 밝히지 않고 보호해줄 것을 제안했다.

1055 **insight**
[ínsàit]
n 이해, 통찰력

The article gave me a real insight into the causes of the crisis.
이 기사를 보고 그 위기의 원인들을 제대로 이해할 수 있게 되었다.

1056 **magnificent**
[mægnífəsnt]
a 훌륭한, 감명 깊은

I've never seen such a magnificent woman before.
저렇게 멋진 여성을 본 적이 없어.

1057 **literary**
[lítərèri]
a 문학의

You wouldn't ordinarily take literary advice from a neuroscientist—but Steven Pinker's new book will make you think otherwise. *(from TIME)*
일반적으로 신경과학자로부터 문학적인 충고를 받지는 못할 것이다 – 하지만 스티븐 핑커의 새로운 책은 아마도 당신을 달리 생각하게 만들 것이다.

 다음 보기 중 빈칸에 맞는 단어를 찾아 쓰시오.

보기	avoid creepy brilliance emissions induce
	underwent denouncing classified unjust consist

1. It was going to take a moment of _____ or breakdown to decide the World Cup final between Argentina and Germany.

2. After just two years, people who _____ lifestyle interventions showed improvements in their mental functions.

3. They are familiar ways to _____ chronic diseases such as heart problems and diabetes

4. The masses began _____ the move as greedy, misguided, and unfair to the employees.

5. It looks like a large, unattractive and _____ blob.

6. It's Schultz's rose-colored plan to _____ a spirit of cooperation into D.C.-area coffee drinkers.

7. Late Glee star Cory Monteith's death was _____ as accidental after he consumed a lethal dose of heroin and alcohol.

8. It surveys the greenhouse gas _____ of the world's largest corporations

9. The Pope said that "_____ social conditions" such as unemployment, poor healthcare and limited education can lead to a material, moral and spiritual destitution

10. The "expeditionary medical support team" will _____ of 20 critical care nurses, five doctors, and five trainers.

정답 1. brilliance 2. underwent 3. avoid 4. denouncing 5. creepy 6. induce 7. classified 8. emissions 9. unjust 10. consist

307

다음 단어에 해당하는 뜻을 찾아 선을 그으시오.

1. barrier ① a situation that makes you feel very ashamed and not respected

2. reserve ② a piece of paper on which you make a secret vote

3. indignity ③ a rule, problem etc that prevents people from doing something, or limits what they can do

4. ballot ④ an important new plan or process to achieve a particular aim or to solve a particular problem

5. initiative ⑤ to keep something so that it can be used by a particular person or for a particular purpose

6. wrangle ⑥ making it hard for someone to make progress towards what they want

7. drag ⑦ a secret that someone tells people, or the act of telling this secret

8. disclosure ⑧ to argue with someone angrily for a long time

9. consider ⑨ strongly established and not likely to change

10. entrench ⑩ to think of someone or something in a particular way

a series of	0325
abroad	0965
abusive	0501
accelerate	0478
accident	0212
accidental	0988
according to	0240, 0493
account	0437
account for	0123
accuse	0369
achieve	0684
act	0198
activity	0868
add	0126
add to	0426
addiction	0332
additional	0590
address	0234, 0510
adequately	0945
administer	0467
advance	0476
aesthetic	0933
affect	0090
against	0254
agency	0976
agreement	0776
agriculture	0194
aircraft	0275
alert	0255
allege	0379
although	0877
amicable	0239
amid	0318
analyst	0629, 0727
announce	0236
annual	0137
annually	0735
anxiety	0167
apparent	0112
appealing	0138
appear	0114
appearance	0030
aptitude	0803
aptly named	0941
argument	0326
arrest	0247
as well	0912
as well as	0195
aspect	0036
assault	0499
assembly	0313
asset	0076, 0442
assign	0804
associate	0362
assume	0575
assumption	0202
at least	0329
at play	0059
attach	0450
attorney	0751
attract	0315
available	0716
avert	0596

avoid	0887
award	0297
awareness	0930

backing	0043
badger	0109
ballot	0934
barely	0837
barrel	0836
barrier	0871
basic	0169
battle	0999
be aimed at	0414
be concerned about	0434
be home to	0119
be locked in	0599
be thought to	0173
behavioral	0162
behind bars	0676
belly	0907
beloved	0668
belt-tightening	0620
bendable	0656
beneficial	0054
benefit	0475
better known as	0303
bid	0132
bill	0568
biodiversity	0130
blame	0116
blob	0925
body bag	0267
bone-marrow	0468

boost	0205
bound	0604
box office	0037
brace oneself	0532
brawn	0201
breakdown	0845
breakthrough	0859
breast-feed	0909
breathing	0182
brew	0953
brilliance	0844
broad	0601
brutality	0817
budget	0602
bury	0383
buy in	0004
buzz	0652

call for	0106
cancellation	0400
cancer-free	0474
capital	0279
carbon	1010
case	0406
cast	0935
casualty	0271
cause	0188
caution	0430
certain	0788
challenge	0633
chance	0917
chemical	0299
chemotherapy	0460
chronic	0888
chunk	0144
cinema	0041
claim	0011, 0765
class	0185
classification	0197
classify	0987
clean up	0583
clear	0190
clear away	0155
clearly	0846
cliff	0598
close	0738
closing	0401

coastal	0265	contain	0528
coffer	0982	contaminate	0385
cognitive	0161	continue	0258
cognitive skill	0866	contractor	0248
coherent	0256	convict	0670
collapse	0251	cool	0097
collateral	0565	cooperation	0960
collect	0018, 0851	core	0527
combine	0739	coroner	0993
come up with	0805	corporation	1013
comet	0835	corrective	0774
committee	0296	cosmic	0840
compare	0798	costly	0838
competition	0936	count towards	0178
competitiveness	0970	counterfeit	0310
competitor	0892	courageous	0687
completely	0787	courtyard	0766
complicated	0854	cover	0577
concede	0417	crash	0277
concentrate	0502	creative	0729
concern	0603, 0721	credit score	0520
concoction	0951	creeping	0720
condition	1037	creepy	0924
conference	0628	crisis	0423
conflict	0295	critical	0554
Congressional	0593	cross	0852
consequence	1029	crucial	0641
conservationist	0105	cull	0111
consider	1040	curious	0949
consist	1047	current	0745
conspiracy	0675	curved	0659
constantly	0032	custody	0320
consume	0989		
consumer	0488		

daily	0061	dictator	0812
danger	0964	digital	0763
dazzling	0008	direct	0853
deadly	0328	disabled	0086, 0614
debt ceiling	0045	disclosure	1011
decline	0113	discovery	1004
decrease	0832	disease	0883
default	0049	disorder	0160
defendant	0717	dispatch	0283
defiance	0334	display	0657
defraud	0775	disruptive	0827
degree	0814	district	0983
delightful	0336	diverse	0507
deliver	0725	divert	0389
delivery	0634	DIY	0176
demand	0562, 0893	dominant	0122
denounce	0898	dose	0991
density	0056	doubt	0546
depression	0424	downgrade	0540
desperate	0612	downward	0918
despite	0029, 0118	drag	0980
destitution	1033	dramatically	0647
detain	0286	drastic	0536
detriment	0381	draw	0678
devastated	0264	drop out of	0648
development	0915	dwindle	0117
device	0712		
diabetes	0889		
diagnosis	0456		

earmark	0390	environmental	0187
earn	0937	escalate	0323
earnings	0145	estimated	0124
ecological	0129	ethnic	0870
economic	0062, 0420	evaluate	0259
edge	0723	even though	0514
educate	0512	event	0012
educational	0969	eventually	0984
effect	0055, 0538	evidence	0189
effective	0164	exceed	0818
efficiency	0102	execute	0810
effort	0227, 0553	executive function	0865
effusive	0680	exercise	0204
elect	0932	exhaust	0192
electrical	0703	exist	0928
electronic	0094	expansion	0068
electronics	0658	expect of	0685
eliminate	0301	expected	0636
emerge	0022	expeditionary	1046
emergency	0282, 0567	experience	0516
emission	0193, 1014	experienced	0139
emotional	0517	experimental	0613
emphasis	0002	expert	0821
employee	0746	explore	0024
enable	0585	explorer	0718
endangered	0931	exposure	1015
engaging	0339	express	0588
entirely	0878	extend	0481
entrench	1051	extraordinary	1052
		extreme	0813

face	0395, 0495	flow	0311
factionalist	0232	fluid	0157
factor	0058	focus	0447
faculty	1050	follow	0268, 0464
fade	0445	force	0398, 0825
faithfully	0856	forecast	0792
fall short of	0581	foreclosure	0373
familiar	0886	forestall	0508
far from	0944	form	1043
fast and furious	0630	formalize	0243
fatality	0269	former	0207
fate	0523	formerly	1009
fear	0824	fortune	0625
feature	0713	forum	0413
federal	0975	found	0801
figure	0071	found dead	0994
finance	0548	frank	0337
financially	0522	fraud	0388
find out	0020	free	0677, 0884
firefighter	0403	freeze over	0786
firm	0095	fresh	0910
fiscal	0597	fret	0033
fiscal cliff	0954	frustration	0905
fix	0079	fuel	0096
fixed	0075	function	0089
flagship	0356	fundamental	0152
flawed	0203	furry	0027
flick	0038	further	0217
flight	0782		

316

gadget	0640
gain	0051
gap	0154
generally	0579
genetically	0616
ghost	0850
giant	1001
give way	0410
global	0293, 0346
glow	0834
go ahead	0497
go on sale	0352
go out	0705
gospel	0619
grab	0948
grate	0408
greedy	0899
greenhouse gas	1012
grief	0666, 0891
grim	0458
gross profit	0797
growth	0063
gruelling	0013
guilty	0708
halftime	0253
halt	0349
hand over fist	0627
harbor	0545
hard-hit	0578
harm	0518, 1022
have no choice but to	0895
have something in store	0392
have to do with	0913
hazardous	1019
headwind	0431
hearing	0753
heat up	0645
heating	0196
heavy	0695
high-five	0360
hint	0724
hiring	0742
hit	0857
honor	0667
hospice care	0484
hospitalize	0250
hotspot	0131
household name	0376
housework	0175
housing	0704
however	0741
hurt	0506
hydrate	0946
hyper-	0120
hyperactivity	1026
hypochondria	0166

imagine	0681
immediate	0533
immediately	0756
immigrant	0372
immune system	0615
impact	0534, 0914
impending	0396, 1041
impregnate	0249
imprisonment	0673
improvement	0427, 0863
in addition to	0411
in earnest	0513
in good spirits	0257
in light of	0452
in one's favor	0449
in power	0820
in the run up to	0110
in the wake of	0422
incident	0322
including	0815
increase	0047, 0487
increased	0564, 0701
increasingly	0730
independent film	0042
indication	0544
indignity	0906
indoors	0785
induce	0958
industrial	0072
inequality	1030
inevitably	0462
influential	0686
initiative	0939
injure	0412
injury	0211
innovation	0722
innovator	0732
inopportune	0592
insight	1055
inspiration	0679
inspire	0007
instead	0367
instruct	0956
insurance	0490
intend	0595, 0952
intense	0180
interest	0335
intervention	0862
investigation	0107
investment	0309
investor	0726
involve	0331
issue	0418, 0992
joint	0237
judge	0748
junk	0542
keen	0103
keep mum about	0649
key	0978
kick off	0940

land	1017
lash	0692
last	0439, 0552
late	0986
latest	0942
latter	0290
launch	0938
lawyer	0747
lay off	0737
lead to	0693
leading	0186
leak	0080
leap	0014
leftover	0841
legacy	0669
lender	0558
lethal	0990
leukemia	0608
likely	0535, 0689
limited	0087
line	0306
line up	0354, 0635
link	0890
liquid	0098
literary	1057
loan	0551
local	0280
location	0955
long run	0537
long-term	0547
loom	0655
lord	0235
loss	0345
lower	0557, 0916
lucrative	1002
lung	0778
lurk	0233
lymphoma	0457

news voca master
mM 1000+

magnificent	1056	mortgage	0374
make ends meet	0245	motorist	0711
make news	0304	mountaineer	0140
make up	0125	move	0733
manuscript	1049	municipal	0981
map out	0485	municipality	0281
marketplace	0764		
match	0104	name	0754
mate	0876	namesake	0802
material	1038	near	0466
mayor	0968	nearly	0505, 0646
measure	0230, 0441	negative	1028
media	0651	negotiation	0962
medical	1044	neuron	0156
Mediterranean	0880	nightly	0770
mental function	0864	notch	0541
mention	1007	notice	0706
mice	1024	nuclear-armed	0225
migrant	0292		
minutes	0438		
mirror	0806		
misguided	0900		
miss	0662		
mitigation	0576		
mobility	0919		
moderately	0179		
module	0082		
monitor	0260		
moral	1032		

objection	0324	pace	0065
obsessively	0174	pack	0099
offer	0483	painless	0470
official	0070, 0262	parade	0019
officially	0920	parishioner	0363
ointment	1006	passionate	0333
on course for	0009	pastor	0364
on the fritz	0700	pay off	0882
on the rise	1005	payment	0631
ongoing	0995	peak	0134
operation	0526, 0744	per	0796
operational	0833	personality	0028
opportunity	0416	pervasive	0539
opposition	0823	pessimist	0031
optimist	0034	pharmaceutical	1000
option	0611	phenomenal	0100
or else	0394	physical	0498
organ	1023	pick up	0064, 0330
osteoporosis	0057	pile up	0977
outage	0694	pilot	0274, 0375
outgoing	0967	planet	0922
outline	0829	play a role in	0159
outlook	0429	play along	0896
outpouring	0665	plea deal	0750
output	0073	plead	0707
outsmart	0380	plead not guilty	0709
overall	0453	plummet	0108
overblown	0971	plunge	0350, 1031
overnight	0216	polar bear	0784

polar vortex	0780	prohibition	0298
politically	0591	promote	0003, 0415
politico	0947	prompt	0664
pollutant	0184	proposal	0580
pollution	0191	propose	0566
portray	0644	prospect	0218, 0440
positive	0338, 0454	protect	0561
post	0757	protector	0222
post-racial	0872	protein	0158
potential	0653	protest	0287
power	0093	prototype	0092
powerful	0811	provide	1054
praise	0219, 0584	provocative	0340
precedent	0147	psychological	0172
predecessor	0819	pull in	0626
prefer	0873	pummel	0570
preference	0874	purchase	0443
premium	0307	purge	0221
present	0860	push up	0556
preservation	0926	put a damper on	0433
preserve	0206	put on hold	0135
prevent	0500	put out	0773
preview	0317	put up with	0904
previous	0069		
prey on	0366	quarter	0067
price	0828		
priority	0830		
private	0276		
probability	0559		
probably	0894		
process	0650		
produce	0006		
profit	0312, 0549		
profoundly	0688		

racial	0869
racing driver	0208
rack rate	0771
radical	0621
raise	0479, 0929
rally	0425
rape	0370
rapid	0183
rare	0127
rarely	0491
rate	0436
rather than	0731
rating	0524
rattle	0617
reach	0777
reach an agreement	0594
real	0963
realization	0943
reappear	0463
reassurance	0170
rebel	0618
rebuild	0587
recall	0077
recent	0220, 0435, 0503
recently	0242
recognition	0133
recommend	0060
record	0843
record low	0781
recover	0521
recovery	0569
reduce	0543, 0831
refreshed	0639
regain	0168
region	0573, 0740
reinforce	0384
reject	0749
relapse	0609
release	0779
relocation	0399
remain	0213
remainder	0486
remarkable	1003
remission	0459
removal	0150
remove	0231
repair	0586
repay	0560
replace	0728
report	0344
reportedly	0998
request	0574
requested	0272
rescue	0492
research	0515
reservation	0378
reserve	0903
residence	0767
resident	0783
residue	1016
resistance	0702
resolute	0229
resource	1053

respond	1045		
response	1008		
restore	0419		
result	0762		
resume	0351		
retail	0074	sabotage	0674
retail outlet	0357	saturated	0885
retailer	0736	save	0482
retired	0319	savings	0734
return	0472	scattered	0263
reveal	0822	schooler	0511
revenue	0794	scribble	0950
reverse	0623	search	0643
rise	0066, 0432	searing	0015
roar	0016	secretive	0224
robust	0572	secure	0141
role	0755	security	0421
rose-colored	0957	seek	0341, 0582
run dry	0985	seething	0226
run out of	0610	segregated	0867
run over	0404	sentence	0672
rural	0278	sentiment	0428
rush	0266	separate	0021
		separation	0244
		serious	0973
		set	0683
		set an example	0682
		set out	0023
		set someone apart from	0026
		severe	0210
		share	0795
		shed	0799
		sheriff	0368
		shift	0039

shipping lane	0402	spokesman	0285
shooting	0321	sponsor	0142
short circuit	0083	sport	0660
short-term	0046, 0550	spotlight	0294
showdown	0600	stabbing	0288
shrink	0153	stable	0214
shutdown	0972	stake a claim	0044
shuttered	0979	stall	0136
significance	0451	stand out	0808
significant	0143	standard care	0165
significantly	0809	state	0504
signify	0800	statement	0238
similar	1027	status	0663
site	0284	stave off	0048
skydiver	0273	steer	0088
slam into	0397	step	0622
slash	0347	stern	0391
slew	0638	stick with	0879
slump	0624	stimulate	0444
snag	0355	stock index	0050
soar	0697	stockpile	0302
so-called	1021	storm	0691
social	1036	story	0768
social ladder	0911	strengthen	0525
society	0927	strenuous	0177
solid	0790	stretch	0359
somersault	0605	structural	0529
source	0555	struggle	0760, 0996
spacecraft	0839	study	1020
spark	0793	stunning	0005
species	0121	substance abuse	0997
spending	0489	substitute	0849
spirit	0959	such as	0743
spiritual	1039	sudden	0327

suffer	0209
suggest	0053
suicide	1042
suitor	0654
sum	0571
summit	0966
supervise	0215
supplement	0052
support	0589
surface	1018
surprise	0908
surprising	0361
survey	0181, 0807
survive	0405
suspect	0387
sustained	0448
symptom	1025

tactical	0847
taillight	0699
take action	0199
take advantage of	0661
take place	0040
take the helm	0759
target	0291
task force	0409
temperature	0696
tend	0200
term	0769
terms	0563
testify	0386
text	0316
thanks to	0308
the likes of	0690
the masses	0897
therapy	0163
threaten	1034
thriving	0228
throng	0353
throughout	0881
thumbnail	0714
tiny	0101
tobacco	0772
topple	0632
torrential	0382
tough	0480
tourism	0146

toxin	0151
traditionally	0902
traffic citation	0710
train	0171
transition	0393
transparent	0715
transplant	0469
treason	0671
treatment	0471
trend	0455
trial	0752
trigger	0084
try out	0035
tryout	0719
tumble	0606
tumor	0461
turf	0017
turn around	0761
turn something inside out	0343
turn something upside down	0342
typhoon	0261

ugly	0921
ultimate	0698
ultimately	0025
unattractive	0923
unconfirmed	0816
undergo	0861
underway	0642
undetermined	0270
undocumented	0371
unemployment	0446
unfair	0901
unit	0081
unity	0223
unjust	1035
unlock	0128
unprecedented	0010, 0115
unsteady	0473
unveil	0091, 0637

news voca master 1000+
v V

vacant	0758
value	0305
various	1048
veer	0842
vehicle	0078
ventilation	0407
veterinarian	0465
veterinary	0477
violence	0509
violent	0289
virginity	0246
voice	0377
walk off	0252
ward off	0855
warning	0531
warning light	0085
wash away	0148
waste	0149
watchdog	0300
waterfall	0789
watertight	0848
weak	0791
weakness	0530
wed	0241
weight room	0858
when it comes to	0875
whether	0496
while	0519
wince	0607
wind up	0365
wireless	0826
work on	0001
workforce	0348
workshop	0314
worse	0974
wrangle	0961
wrap around	0358
wrestle	0494

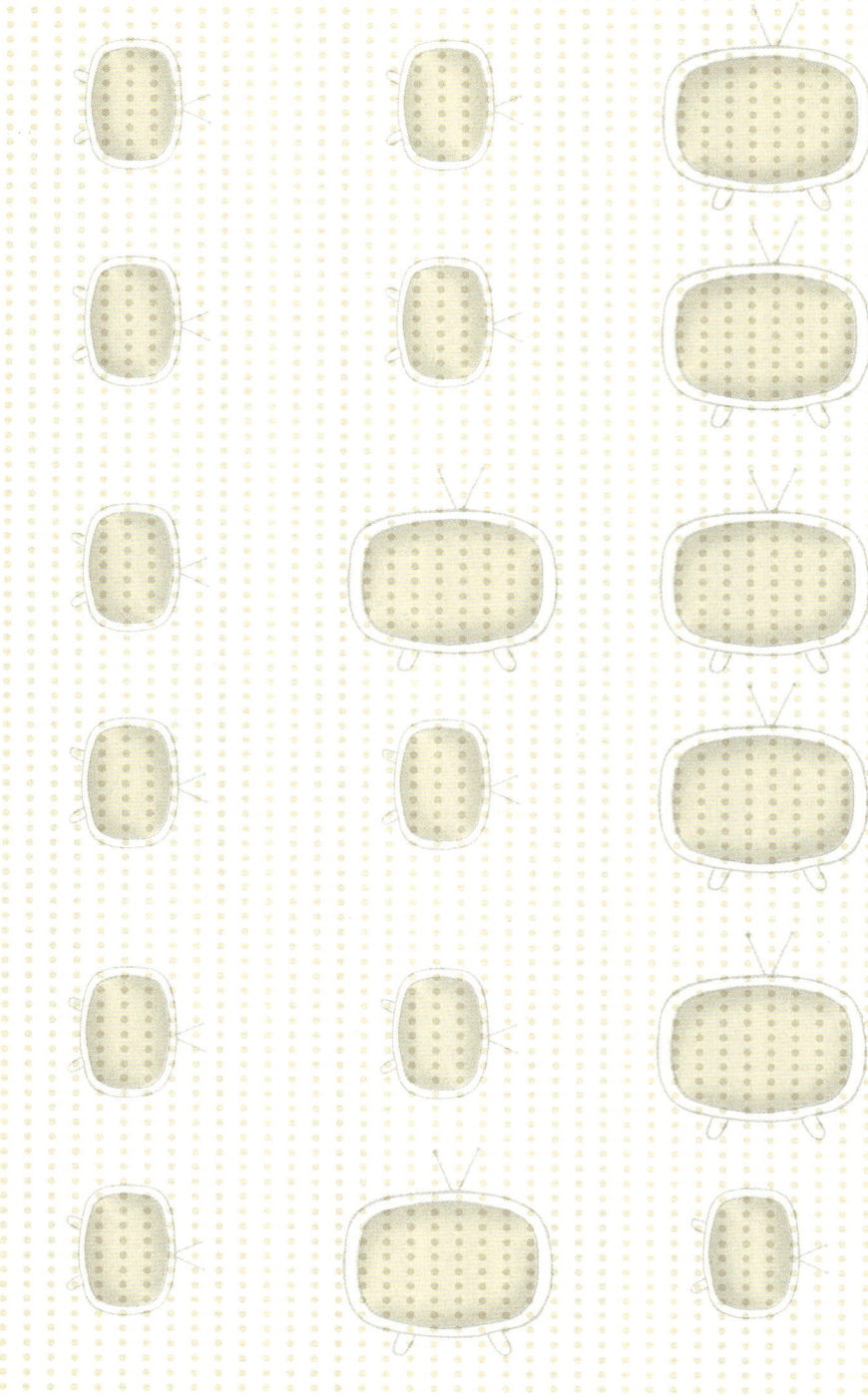

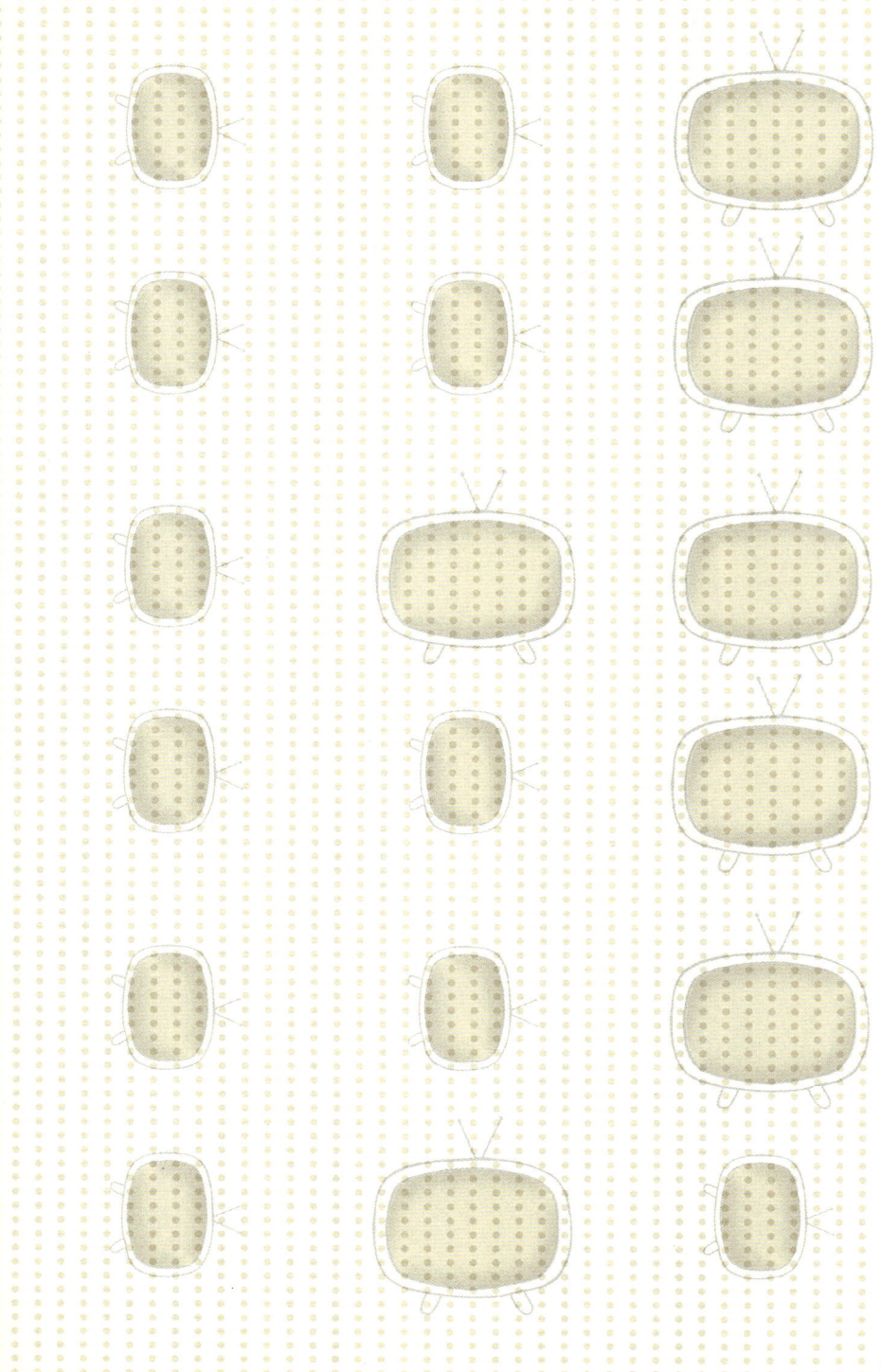